栄陽子留学研究所

アメリカ名門大学への道

栄 陽子 [著]

Brown University Columbia University Cornell University Dartmouth College Harvard University Princeton University University of Pennsylvania Yale University California Institute of Technology Carnegie Mellon University Duke University Georgetown University Johns Hopkins University Massachusetts Institute of Technology New York University Northwestern University Rice University Stanford University Tufts University University of Chicago University of Notre Dame Washington University University of California University of Illinois University of Michigan University of North Carolina University of Virginia University of Wisconsin Amherst College Barnard College Bates College Bowdoin College Bryn Mawr College Carleton College Claremont McKenna College Colby College Harvey Mudd College Haverford College Middlebury College Mount Holyoke College Pomona College Smith College Swarthmore College Trinity College Vassar College Washington and Lee University Wellesley College Wesleyan University Williams College

三修社

まえがき

　今、世界は経済的にも地球科学的にも見通せない日々です。地震をはじめいつ自然災害に見舞われるかもしれず、また、いつどの国や地域が経済的に破綻するやもしれません。

　それでもアメリカは GDP 世界一であり、何よりも教育が世界一発展・充実した国です。何しろ、世界のトップレベルの大学がズラリと並び、大学総数が約 4,000 という圧倒的な強さです。（ちなみに、イギリスを含むヨーロッパ各国は約 100 〜 150、カナダは 93、オーストラリアは 39、ニュージーランドは 8 しか大学がありません。）

　1 年に何十万人もの移民がやってくるアメリカは、どんなに教育レベルを上げてみても、またまた、自分が生まれた国の言葉の読み書きもできない人がドッと入ってくることによって、あっという間にレベルが低下してしまうという悪循環の中で、それでもめげずに、アメリカ人全体の教育レベルを上げる努力をし、すべての人にチャンスの平等を与えてきました。「カンボジアやベトナムから流れてきても、10 年後には大統領の補佐官になれる」という新移民の合言葉です。

　元イギリス人、イラン人、イラク人、ロシア人、中国人など、あらゆる国家からの人々、さまざまな人種の集合体であり、アメリカはまさに未来の人類のあり方をいつも問われている実験場です。世界の人が地球人として生きていくにはどうすればよいのかが問われているのです。

　その解決には教育が最も重要と考えているアメリカでは、「教育は国家なり」と言われています。また、大きな大陸でたくさんの考えの違う人々を率いて、国を成長させ守っていくには、強いリーダーシップが必要であり、個人や所属する組織の要求よりも、国益や人類の未来を優先する決断ができるリーダーを養成することにたいへん力を注いできました。

まえがき

　この本では、アメリカ人が考える真のリーダーすなわちエリートとは何かということを皆さんにわかっていただきたいと共に、入学がやさしく卒業がむずかしいと言われ、かつ約 4,000 校もある大学のシステムをご理解いただき、また、アメリカは常にチャンスの平等という言葉どおり、必ずしも 18 歳で燃えなくても、エリートになるチャンスはいくらでもあるということを知っていただきたく筆をとりました。

　日本のみならず、世界が大きな転換期にきています。もともと多様性が大好きなアメリカですが、世界が多様性を求めなければ生き残りがむずかしい時代に突入してしまいました。そう遠くない将来、働き方ひとつにしても、昔、日本人が東京をめざして仕事を得たように、ある時期は北京、ある時期はニューヨーク、ある時期はホーチミン、といったように国際的な、経済の中心になる都市ができ、世界から人々が職を求めてそこに集まるという時代がくる可能性があります。

　留学生が世界一多く約 69 万人というアメリカで教育を受け、世界の人々と交流をし、世界中にコネクションをもち、世界のどこでも仕事をしたり起業をしたりする日本人が増えてくれることを願ってやみません。

　三修社の澤井啓允氏、木精舎の有賀俊朗氏と木下匠氏、体験記を書いてくださった方々、当研究所の矢野美佐子さん、その他大勢の方々のご尽力なくしてこの本はできませんでした。末筆ながらここに感謝の意を表します。

平成 23 年 10 月

栄　陽子

目次

[1] アメリカ人が考えるエリートとエリート校

アメリカの教育観　2
- 強いリーダーシップの育成―2
- 国を支える強いリーダーの必要性―3
- リーダー不在の日本―4

アメリカの教育制度　5
- 高校までが義務教育―5
- 多様性に富んだ教育―5
- 専門的な勉強は大学院で―6
- 教育を受ける期間が長くなった―6
- リベラルアーツ教育―7
- アメリカ高等教育の中枢―8

アメリカの大学の種類　9
- 七つの分類―9
  - **1** リベラルアーツ・カレッジ　**2** 私立総合大学
  - **3** 州立総合大学　**4** コミュニティ・カレッジ
  - **5** 理系の大学　**6** 芸術大学
  - **7** 国立大学

アメリカのエリート校　17
- エリート校の定義―17
- エリート校の成り立ち―17
- 「州でナンバー1」でも十分―18
- 大学院でエリート校を狙っても遅くない―18
- 安全と教育にはカネがかかる―18
- 奨学金―19

エリート校の原点　リベラルアーツ・カレッジ　21
- 社会のリーダーとしてのエリート養成―21
- エリートに不可欠な幅広い教養―22
- 州立大学の目指したもの―22
- リベラルアーツ・カレッジの成り立ち―23
  - **1** 町づくりのリーダーを育てる　**2** 私立の精神
  - **3** 合衆国になるまで　**4** 私立総合大学の成り立ち

目次

   5 多様な入学審査
  州立大学—27
  高度な情報社会だから求められるリベラルアーツ教育—28
  リベラルアーツ教育の目指すもの—28
  すぐれたリベラルアーツ・カレッジ—29

 なぜエリート校に留学するのか？   30
  エリート校の魅力—30
  世界のエリート教育に遅れをとる日本—30

 エリート校とよばれる大学の種類   31
  IVY リーグ—31
   1 IVY リーグ校、それぞれの特徴
  セブンシスターズ—33
   1 セブンシスターズ、それぞれの特徴
  Public IVY—34

[2] 栄 陽子が選ぶ超難関校

 エリート校ベスト50 セレクション   38
  1 私立総合大学
   Brown University・44 Columbia University・46
   Cornell University・48 Dartmouth College・50
   Harvard University・52 Princeton University・54
   University of Pennsylvania・56 Yale University・58
   California Institute of Technology・60
   Carnegie Mellon University・62 Duke University・64
   Georgetown University・66 Johns Hopkins University・68
   Massachusetts Institute of Technology・70
   New York University・72 Northwestern University・74
   Rice University・76 Stanford University・78
   Tufts University・80 University of Chicago・82
   University of Notre Dame・84 Washington University・86

  2 州立総合大学
   University of California, Berkeley・88
   University of California, Los Angeles・90
   University of Illinois, Urbana-Champaign・92
   University of Michigan - Ann Arbor・94

University of North Carolina, Chapel Hill・96
University of Virginia・98
University of Wisconsin-Madison・100
3 リベラルアーツ・カレッジ

Amherst College・102	Barnard College・104
Bates College・106	Bowdoin College・108
Bryn Mawr College・110	Carleton College・112
Claremont McKenna College・114	Colby College・116
Harvey Mudd College・118	Haverford College・120
Middlebury College・122	Mount Holyoke College・124
Pomona College・126	Smith College・128
Swarthmore College・130	Trinity College・132
Vassar College・134	Washington and Lee University・136
Wellesley College・138	Wesleyan University・140
Williams College・142	

[3] エリート校突破のABC

エリート校に入る方法　146
日本的な発想ではなかなか太刀打ちできない―146
エリートの特性―146
日本人にも望みはある？―147
エリート校が求める学生―148
エリート校入学に求められる能力―148
　1 エリート校に留学する日本人に求められる条件
日本人がエリート校に入る四つの方法―150
　1 日本の高校から直接エリート校に入るケース
　2 高校留学してエリート大学に進学するケース
　3 リベラルアーツ・カレッジからエリート校に編入するケース
　4 リベラルアーツ・カレッジを卒業してエリート大学院に進学するケース
実践留学のケーススタディ―154

入学がやさしくて卒業がむずかしい実態　165
入学がやさしい―165
卒業がむずかしい―168
入学先は入ってから後のことを考えて―170

英語力——172

［4］挑戦者たちの記録

一歩一歩の努力が実を結んだエリート大学院進学
　　　——金子みどり　176
異なる二つの留学経験
——リベラルアーツ・カレッジから州立総合大学へ
　　　——大嶋有里恵　179
充実した高校生活を経てスタンフォードへ
　　　——田巻倫明　182
留学経験がなければ今の自分はない
　　　——神藤拓　185
目標達成のためには行動を起こすこと
　　　——武田悠作　190
夢中で数学してもいいじゃない！と今なら言える
　　　——杉本絢香　195

■写真提供

Amherst College (Photo by Franl Ward)
Barnard College (Photo by Ann Grillo)
Bowdoin College (Photo by Dean Abramson)
Brown University
Bryn Mawr Colleg
California Institute of Technology
Carleton College
Carnegie Mellon University
Colby College
Harvey Mudd College
Johns Hopkins University
Mount Holyoke College
Northwestern University
Princeton University (Photo by Mahlon Lovett)
Rice University
Smith College
University of California, Berkeley
　(Photo by Randolph R. Hoyle)
University of California, Los Angeles
University of Chicago
University of Pennsylvania
Washington University in St. Louis
Yale University
　(Photo by Mahlon Michael Marsland)

■参考文献

* College Division Staff of Barron's Educational Series. Guide to the Most Competitive Colleges, Seventh Edition. Barron's Educational Series, Inc., New York. 2011
* Division of Barron's Educational Series. Profiles of American Colleges 2011. Barron's Educational Series, Inc., New York. 2010.
* Princeton Review. The Best 373 Colleges, 2011 Edition. Princeton Review, New York. 2010
* Greene, Howard and Greene, Matthew. The Hidden Ivies. Collins Reference, New York. 2000
* Greene, Howard and Greene, Matthew. Inside the Top Colleges. Cliff Street Books, New York. 2000
* Greene, Howard and Greene, Matthew. The Public Ivies. Cliff Street Books, New York. 2001
* Montauk, Richard and Klein, Krista. How to Get Into the Top Colleges. Prentice Hall Press, New Jersey. 2009
* U.S. News and World Report. Ultimate College Guide, 2011 Edition. Sourcebooks, Inc, Illinois.2010

■各大学の大学カタログ／■各大学のホームページ／■参考文献ウェブサイト

The College Board：http://www.collegeboard.org/
National Center for Education Statistics：http://nces.ed.gov/collegenavigator/
Peterson's：http://www.petersons.com/
U.S. News：http://www.usnews.com/

［1］
アメリカ人が考える
エリートとエリート校

[１] アメリカ人が考えるエリートとエリート校

アメリカの教育観

●強いリーダーシップの育成

　組織というものには、いろいろな立場の人が必要です。会社でいえば社長になる人、部長、課長、平社員というように、それぞれの役割があってうまくまわっていくのです。社長になる人にはリーダーシップのみならず、人間としての徳のようなものも必要です。会社のことのみならず社員のことも頭に入れて決断や行動をしなければなりません。社長タイプの人ばかりでも困ります。単調な作業を黙々とこなしてくれる人も必要なのです。
　国家も同じです。リーダーシップをとる人が上にいて、その下に国家を守り育てるさまざまな能力の人が必要なのです。アメリカは強いリーダーシップをとる人間をつねに養成してきました。政治であれ経済であれ産業であれ、あらゆる面でリーダーシップをとれる人が必要でした。
　はじめに入植したWASP（ホワイト・アングロサクソン・プロテスタントの略語）の人たちが自分たちの富と権力を守るためにリーダーとして君臨してきた、ということも一つの見方ではありますが、キリスト教の精神では、持てる者は持たざる者に、少しでもよいから必ず施しをするべきであるという考えがあります。アメリカの若者は経済的、教養的にレベルが高いほど、自分たちは恵まれているのだから、恵まれている分だけ社会に対してお返しをすべきであるとの教育を受けてきます。また、裕福な者ほど、親たちは華美な生活をさせないように子どもたちを厳しく教育するのが常です。自分のことのみならず他人のことも考えられることが、リーダーとしての一つの条件だからです。
　また、アメリカを開拓してきたフロンティアスピリットが強く残っていて、あらゆる人を引きつけて大きく強い国をつくるという信念があります。こういったことからアメリカは、リーダーシップをとって活躍する人材を養成することをとても大切だと考えていて、そのためにエリート教育をする機関が存在

するのです。

　すなわち、リーダーになる人には、強いリーダーシップ、分析力、判断力、決断力、それから、他人を思う心、公平にものを見る力、それに謙虚さ、人類のために考えられる能力といったものが必要なのです。

◖国を支える強いリーダーの必要性

　アメリカでは、子どもが18歳になると寮生活をさせて親離れをさせるといわれますが、寮生活によって、他人を思いやり公平さを学ぶことを大切にするからです。また、アメリカの多くの大学は田舎の大自然に囲まれた大きなキャンパスで、大学ができる前には何もなかったというところがほとんどですが、これも学生を都会的刺激の中で育てたくないという気持ちからなのです。都会は人間の欲望をかきたて創造力を失わせる可能性があるからです。

　ハーバード大学は、創立当初は町の牧師や村長や町長としてリーダーシップをとる人を育てました。その後、長い年月の間に、公平という意味での州立大学などができていったのですが、未だアメリカは、リーダーを育てることには当然のことながらとても熱心です。そして、次から次へと新しい移民が入ってくるわけですから、国はあらゆる面で強いリーダーを育てて、移民たちを一つにまとめて国を保ち発展させていかなければなりません。

　世界中から貧しい人がアメリカンドリームを夢見て、合法・不法にかかわらず入国してきます。アメリカは、こういった人たちにも公的教育を用意して、レベルアップをはかってきました。その時にどんなに教育レベルを上げても、次々と新しい移民の人が来るのですから、またもとにもどってしまうということの繰り返しです。それでも負けずに、国民の教育のレベルアップに挑戦し続けています。

　他方アメリカには、世界のトップレベルの人も移民してきます。そういう人にも、たくさんの道を開いているので、十分に能力を発揮できると信じてやってくる人も多いのです。そういった優秀な人たちの子弟はアメリカ人として育ち、リーダーとしての教育を求める人材になっていきます。

　アメリカのエリート教育のおもしろいところは、WASPをはじめとして、国のあらゆる面でリーダーになるファミリーがいるばかりでなく、たとえ新しい移民でも、またWASPでなくても、本当に実力があれば、その世界に一歩を踏み出せるというところにあります。もともと多様性が大好きで純粋培養は腐ると考えている人たちですから、いろいろな人にいろいろなチャンスを与える機会を作ります。その最も輝かしい例がオバマ大統領です。ケニアからの留学生

[1] アメリカ人が考えるエリートとエリート校

の父、アメリカ人の白人の母の間に生まれた子が大統領になるなんて、まさにアメリカならではです。そういった人たちのために、あらゆる奨学金が用意されていてエリート校に通うことができ、一歩を踏み出せば、二代、三代としっかり根をおろしていくことも十分可能なのです。

●リーダー不在の日本

　日本は、戦後国民皆平等と叫ぶあまり、会社でいえば、係長くらいになれる人の教育を熱心にしてきましたが、リーダーになる人を養成する教育を怠ってしまいました。平等という概念が行き過ぎると、出る杭は打たれるということが当り前のようになり、個性教育なんてできないからです。また、係長くらいの人ですから、決断力というようなことより、文句を言わずに課された仕事を黙々とこなすことが大切とされ、集中力・記憶力・自己管理能力を強く要求されるようになりました。また、学校教育者にとって、こういう能力は簡単にテストしやすいので、とても都合のいいことでもあったのです。
　したがって残念なことに日本は、いわゆる「お勉強」という意味では優秀な人間がふえたかもしれませんが、リーダーになれるような人間はなかなか養成されてこなかったのです。
　真のエリートやリーダーになるのはとてもむずかしく、自分に厳しいことが必要です。ただ、知識が広いというようなことではありません。アメリカは最初に創った大学、ハーバードでエリートを育てるためにリベラルアーツと呼ばれる教育を始めました。日本では全人教育と訳されます。
　慶應も早稲田も同志社も関学も皆、この教育を真似て大学が設立されたのですが、いまの日本の大学教育は、どこか違うものになってしまっています。
　リーダー不足の日本といわれているのはこういった長い教育の中に根があります。国民のレベルを全体に上げるだけではなく、強いリーダーを育てる教育がなければ、国を動かしていくのはむずかしいのです。

アメリカの教育制度

◖高校までが義務教育

　アメリカは各州の行政が強い権限をもちます。国土が日本の25倍というアメリカでは、東海岸と西海岸で時差が3時間もあり、すべてにわたって全国的な統一をとるのがむずかしく、消費税率も違えば、運転免許をはじめあらゆる資格をとれる年齢や条件も州によって異なります。何せ日本全体がカリフォルニア州と同じくらいの大きさなのです。
　教育制度も各州で独立していて、たとえば義務教育の年限も州によってまちまちです。多くの州が16歳か17歳までを義務教育としていますが、同じ州内でも市や学区によって学制が違ったりもするので、個別に見ていくと実にややこしくなります。
　入学が、日本に比べ前年の9月であるため、17歳で日本の高校3年生にあたります。ですからだいたい高校までが義務教育だと考えるとよいでしょう。つまりアメリカでは高校までで、ほぼ日本の中学校レベルのことを教えていると考える必要があります。

◖多様性に富んだ教育

　日本の中学・高校のレベルは世界でもトップクラスであるとはよくいわれることですが、大学生になると、高校でのレベルの高い高等数学や、漢文などの能力はどこへ消えてしまうのかと不思議に思うことがたびたびあります。
　では、アメリカの高校では全体的に日本よりレベルが低いのかといいますと、低いのではなくて、長い時間をかけているということなのです。そして能力に応じた教育機会もしっかりあって、飛び級あり、優秀者のための別のクラスあり、天才児向けの学校もありとさまざま、能力により人に先んじている者はい

［1］アメリカ人が考えるエリートとエリート校

くらでもいるのです。
　日本の高校のレベルのクラスか、それ以上のレベルのクラスを設けているエリート校と呼ばれる私立校の存在もあり、また、ボストン郊外にハーバード大学の先生が住むので有名な小さな町とか、ニューヨークの郊外にIBMの研究員が住む町とかがあり、それらの地域の公立高校はとてもレベルが高いと評価を得たりで、当然そういったところでは、よくできる人のためのクラスも用意されているわけです。まあ、一言でいえば、とても多様性に富んでいて奥が深いわけです。

◀専門的な勉強は大学院で

　アメリカの大学1、2年生では日本の高校のおさらいくらいですが、3年生、4年生とレベルアップしていきます。それでも大学院の修士課程で、日本の大学の4年生（ただし日本でもかなり中身のしっかりした大学）くらいと考えてよいかもしれません。
　ただし、レベルはそうであっても大学によって教育の質は随分違います。質の高い大学ほどとても中身の濃い授業や研究が行われていますが、アメリカではどちらかというと、専門の勉強は大学院でするというように考えられています。
　日本でも大学進学率が上がるにつれ大学生の学力低下が問題になり、法科大学院をつくって法律家になる人を養成し始めたり、社会人をもっと受け入れる大学院をつくり始めています。これらはすべてアメリカのあとを追っているわけで、世界で有数の1,200校という大学数（短大を含む）を誇る日本では、多くの面でアメリカに学ばなければならないことがまだまだあるわけです。

◀教育を受ける期間が長くなった

　社会が進歩し、人間にチャンスの平等が与えられるほど、人は長く教育を受けるようになりました。アメリカでは「人間一生、勉強」「人生に迷ったら大学に戻れ」ということで、出世をするためにも、会社を辞めて大学院に戻ってより新しい知識・高い技術を得て、また社会で活躍するということが一般的に行われています。
　人間が飢えることを恐れなくてもいい世界になるほど、子どもは生きることそのものに幼くなり、自ずと社会に出るのも遅くなってしまいます。発展途上国では、子どもたちは学校に行くより、生きるために働いたり戦士になったり

Yale University (Photo by Michael Marsland)

しなければならないわけで、早く大人にならざるをえません。

　冷蔵庫の中には食べ物がいっぱい、おじいさんもおばあさんも健在という状況下で平和に豊かに育った若者が、大学の4年間のうち2年間を一般教養、残り2年間を専攻の勉強をしたところで、それで専門家になれるわけがない、とアメリカの知的レベルの高い人の間では考えられています。

　大学4年間はむしろ、もっと幅広くさまざまな分野を勉強し、教養を身につける全人的教育が大切だと考えられていて、その全人的教育、つまりリベラルアーツ教育がとても大切にされています。つまりやたら専門的、職業的なことを勉強する前に、じっくり時間をかけて自分を磨け、ということです。

●リベラルアーツ教育

　そもそもリベラルアーツというのは、古代ギリシャ以来の「教養」という意味で、時代に即した教養を身につけた知識人、社会のリーダーとして活躍する人を養成するのがリベラルアーツ・カレッジという四年制の大学です。アメリカで最初にできたハーバード大学も、もともとはリベラルアーツ・カレッジとして設立されました。つまりアメリカ大学教育のルーツ、中核はリベラルアーツ教育にあるといえるのです。

　アメリカでは、子どもが18歳になったら大学に入って寮生活をして親ばなれをする、大学で学ぶことは分析力と判断力と決断力であると言われていますが、この役目を担うのがリベラルアーツ・カレッジです。

　社会に出れば人間関係がむずかしいので、寮生活を通じて人間関係を学べ、時代のニーズに沿って、いまならコンピュータの授業をきちんと取れ。また、

専攻は途中で変えてもいいし、まったく違う二つの分野を両方とも専攻してもいい、自分は何のために生まれて何のために生きるのか、どういう能力が自分にありどういう生き方がいいのかなどを、在学中にしっかり考えた上で社会に出なさい、というのがリベラルアーツ・カレッジの考え方です。

アメリカ高等教育の中枢

　ハーバード大学やイェール大学も、本来このリベラルアーツ・カレッジと呼ばれる大学だったのですが、長い年月の間に新しい成長分野を取り入れ、医学部や法学部などをどんどん加えて総合大学に変化していきました。したがって、総合大学の中枢にある Arts and Sciences という学部がリベラルアーツ・カレッジ1校に相当します。大学は、「寮生活をして親ばなれをすること」「分析力、判断力、決断力を身につけること」が目的といわれるアメリカでは、このリベラルアーツ・カレッジが今も中心であり、エリートであればあるほど、このリベラルアーツ教育が大切と考え、今でも、こういった考えの大学がアメリカの教育の中枢として支持を受け、約600校のリベラルアーツ・カレッジが存在しています。

Amherst College
（Photo by Frank Ward）

アメリカの大学の種類

🌙 七つの分類

　さて、さまざまな歴史を経てできあがった現在のアメリカの大学を分類すると、次のようになります。
　①リベラルアーツ・カレッジ
　②私立総合大学
　③州立総合大学
　④コミュニティ・カレッジ
　⑤理系の大学
　⑥芸術大学
　⑦国立大学

■1 リベラルアーツ・カレッジ

　アメリカの大学の原点は、ハーバード大学が創立された1636年のリベラルアーツ教育から始まります。牧師、すなわち当時の社会のリーダーを養成することに始まり、だんだん村長や町長といった人々の代表としてのリーダーを育成するようになりました。
　現代のように高度な社会が発達するほど、より高度な学問や技術が必要で、そのためには基礎がしっかりしていることがとても大切とされるため、現代でもリベラルアーツ・カレッジはその存在価値をしっかり認められていて、リーダーとしての資質に幅広い教養は欠かせないというのは通念となっています。
　アメリカの大学は、1776年に最初の13州が独立する前から、ボストンを中心とした東部地方で経済的余裕のある人で、社会のリーダーを目指す人が学ぶ私立機関であったため、いまでも古い州ほど私立の存在が大きく、その多くが寮制で、行き届いた個人指導をする小規模大学ばかりです。

[1] アメリカ人が考えるエリートとエリート校

　リベラルアーツ教育は全人教育をすることを第一義にしているため、社会に出てからの人間関係の複雑さに対処するための寮生活、その時代に必要な勉強・技術（いまではコンピュータ）および、リーダー、知識人としての人格形成の基盤となる自然科学、人文学、芸術など、あらゆる分野を学び、幅広い教養を身につけることが大切とされています。

Smith College

　また、大学4年間を通して自分を探し、見つけることが大切であるとして、特定の学部に入学するのではなく、まずは大学そのものに入学して、専攻を途中で変えたり二つの専攻を取ったりしてもよいことになっています。したがって、ピアノと生物学を同時に専攻することも可能ですし、途中で専攻を心理学に変えてもよいことになっています。こうして大学時代に自分を見つめ、試し、自分の生きる方向性を定めなさいというわけです。

　したがって、このリベラルアーツ・カレッジでは、理系・文系・芸術系に関係なく、何でも選び学ぶことができ、また、音楽や美術、演劇のような分野も、何の予備知識・能力も必要なく、専攻できるようになっています。

2 私立総合大学

　その多くはもともとリベラルアーツ・カレッジから始まり、年月を経て大きな総合大学に成長していったものです。ハーバードやイェール、スタンフォードなど日本によく知られる超名門大学も多く、アメリカに約350校あります。

　総合大学の中に一つの大きな学部として「College(School) of Arts and Sciences (CAS)」というものがあり、教養学部と訳されますが、ここが創立当初よりあるそもそものリベラルアーツ・カレッジです。つまりリベラルアーツ・カレッジにさまざまな専門学部、大学院課程がくっついて大きな集合体となったのが、総合大学です。いわばCASはその心臓部ということができるでしょう。

Yale University
（Photo by Michael Marsland）

▶ペンシルバニア大学 University of Pennsylvania の組織図

　アイビーリーグ大学の一校、University of Pennsylvania は 12 の School と College（便宜上、学部と訳されます）から成り、うち四つの学部が大学課程を設けています。このような大規模総合大学は、各学部がある程度独立して存在していて、その多くがおもに大学院レベルの課程のみをもつプロフェッショナルスクールです。University of Pennsylvania では、School of Arts and Sciences 以外すべてプロフェッショナルスクールです。

University of Pennsylvania
- School of Arts and Sciences
大学の学問の中枢機関。リベラルアーツ学部（大学院課程も設けられている。）
- Annenberg School for Communication
コミュニケーション学部。大学院課程のみ
- School of Dental Medicine
歯学部。大学院課程のみ
- Graduate School of Education
教育学部。大学院課程のみ。大学レベルの教育学は、School of Arts and Sciences で学ぶ
- School of Engineering and Applied Sciences
工学部、応用科学部。大学課程と大学院課程を設けている
- School of Design
デザイン学部。大学院課程。ただし美術専攻のみ大学課程を設けている。
- Law School
法学部。大学院課程のみ
- Perelman School of Medicine
医学部。大学院課程のみ
- School of Nursing
看護学部。大学課程と大学院課程を設けている
- School of Policy & Practice
ソーシャルワーク、社会政策、NPO/NGO リーダーシップの大学院課程
- School of Veterinary Medicine
獣医学部。大学院課程のみ
- Wharton School
ビジネススクール。大学課程と大学院課程を設けている。全米で最初にできたビジネススクールとして世界に名を馳せる。ここの MBA は日本人にも大人気

[1] アメリカ人が考えるエリートとエリート校

University of California-Los Angeles

　たとえばハーバード大学（Harvard University）では Harvard College という一学部があり、名前こそ違えこの学部が CAS にあたるこの大学の原点で、創立以来、リベラルアーツ教育を提供しています。

　いまでは私立総合大学は大学院にその中心があり、教授も有名教授であればあるほど大学院で教えることが中心で、大学では、大学院生で TA（Teaching Assistant の略。教授の助手のこと）の資格をもった者が多くの授業を担当しているのが実情で、学生の不満の種になっています。

3 州立総合大学

　それまでヨーロッパの大学やリベラルアーツ・カレッジで教えられていた、経済学・天文学・哲学・ラテン語などの一般教養的な学問に対して、農業や工業や林業など、より実践的分野の開拓をして、世界の実学の発展の牽引になったのが、アメリカの州立大学です。現在では四年制の州立総合大学が全米に約 400 校あります。

　アメリカは、IVY リーグをはじめ私立リベラルアーツ・カレッジが東部の一部にあり、文化的生活を甘受していた一方、アパラチア山脈以西の圧倒的に広大な大陸は、原住民たちがのんびり暮らす、いわば未開の地だったのです。

　1800 年代から幌馬車が東部から西部へ向かって開拓を始め、西部劇で私たちにも馴染み深い西部開拓が繰り広げられ、たくさんの新しい州がつくられ、ヨーロッパのみならず、アジアの人も移民として来ることになりました。勤労意欲も十分にあるたくましい若者たちが未開の土地を開拓し、牧場や畑をつ

くっていったわけで、いつしか新しい州ではそういった若者に実践的・実験的教育をしてもっとその州を富ませたいという考え方ができ、州立大学ができてきました。ですから当時の州立大学は、州から与えられた広大なキャンパスで、農学や工学（Agriculture and Mechanics）を教えることを目的としてつくられたのです。

　州立大学は、ヨーロッパの大学やリベラルアーツ・カレッジと違って、より現実的で実践的な実学を教え、土地を富ませるということ、かつ、すべての勤労青年に無料で教育をすることが、その大きな特徴であったのです。

　したがって、望む人来たれということで、入学希望者には全員、そのチャンスを与えていったことになります。これがアメリカの「入学がやさしい」といわれる始まりになるのですが、昔は、みんな貧しく食べるのに精一杯で、若者よ、さあ勉強しましょう、といっても、だれでもかれでも来るわけではなく、やはり人一倍勤労意欲および勉学意欲の強い若者たちが中心でした。この州立大学も時代とともに成長し、その多くがいまでは大学院中心の大総合大学になっています。

　古くからある州立大学は規模を大きくして総合大学に発展し、教えることも高度になり、かつ時代が豊かになるにつれ入学希望者もふえ、入学者を選抜しなければならなくなっていきました。その州に住む人にお金のかからない教育を与え州をより豊かにするということで始まったわけですから、望む人をすべ

▶大学名から見る州立大学の一般的なレベル

1	【University of 州名】の中心校	University of Michigan- Ann Arbor、University of North Carolina, Chapel Hill、University of Wisconsin- Madison など
2	【州名 State University】	Arizona State University、Iowa State University、Michigan State University、North Carolina State University など
3	【University of 州名】のその他の大学 【方角 州名 University】 【方角 州名 State University】 【University of 方角 州名】 【町の名前 州名 State University】 【University of 町の名前】	University of Michigan- Flint、University of North Carolina, Charlotte、University of Wisconsin- Green Bay Eastern Michigan University、Southeastern Oklahoma State University、University of Northern Texas、Kent State University、University of Houston など

[1] アメリカ人が考えるエリートとエリート校

University of California, Berkeley
（Photo by Randolph R.Hoyle）

て収容できなければもっと多くの大学を設立するのが一番の方法だったわけです。

したがって、その州でよくできる人を入れる大学、まあまあの人、ちょっと落ちる人、どんなに成績が悪い人でも入学させる大学、というように、時代を追ってさまざまなレベルの州立大学がつくられていきました。

そんなに優秀でない人を入れる州立大学もたくさんできたのですが、それは、優秀でない人もほどほどの教育を受けて社会の一員としてちゃんとやってもらわなければならなかったからです。たとえばテキサス州では University of Texas-Austin が総合大学でトップですが、ほかに University of North Texas、Texas Southern University などたくさんの州立大学があり、分類すると前ページのようになります。

4 コミュニティ・カレッジ

コミュニティ・カレッジというのは、州の人ならだれでも望めば入学させ、最低限の職業訓練をする公立の二年制大学です。3の州立大学のうち、望む人をすべて入れる大学と、その理念は同じといえます。

第二次世界大戦に参加していた兵士がたくさん帰国して、仕事が不足し、また、技術の発達とともに単純労働の仕事が少なくなったため、多くの貧しい人や学歴の低い人たちにも高度な教育を受けさせることが各州で大切な課題となってきたことが、数多くのコミュニティ・カレッジができた大きな原因です。いまではコミュニティ・カレッジを卒業して四年制の大学に編入する制度も確立され、がんばる者にはどこまでもチャンスを、という道をつくっています。

アメリカには教育熱心でない親やファミリー、また、年収が 15,000 ドル以下といった低所得者層もいっぱいです。そうしたファミリーでは、日々の生活が第一で、教育への関心は薄いのですが（よくできる学生はいくらでも奨学金をもらって大学に行けます）、高校までは義務教育であるため、だれでも高校は卒

業できます。しかし、いわば日本の中学レベルの教育をしているごく普通の高校を卒業しても、いまのアメリカでは仕事がないのが現実です。

かといって安定した、それなりの収入を得られる仕事に就くには、高卒ではちょっと教育が不足です。したがって、何とかもう少し教育を受けてよい仕事に就きたいと希望する人に向けて、お金もほとんどかからなくてどんなに成績が悪くてもとりあえず職業訓練に近い教育をしようというのが、コミュニティ・カレッジや、前述の、その地域の学生はみんな入学させるという州立大学です。

California Institute of Technology

中産階級の人がほとんどである日本に比べて、貧富の差が激しく人種も多様なアメリカでは、とくにコミュニティ・カレッジでは、低所得者層の人や自国でまともに教育を受けたことのない新移民の子弟が圧倒的に多いのが特徴です。

5 理系の大学

アメリカは総合大学や公立大学に理系の学部がたくさんあり、また、リベラルアーツにも工学以外の理系の学科があって、理系と文系を一緒に学ぶこともできます。とくに、理系の大学というものをとりたててつくっているわけではないのですが、それでもアメリカには理系の大学として有名なものがいくつかあります。

アメリカの産業拡大が始まる1820年代までは、あくまで全人教育を主眼とする大学しか存在しなかったのですが、工業、科学の発達に伴い、理系・工科系の大学の必要性が叫ばれるようになり、1824年、Rensselaer Polytechnic Instituteが創られ、以降、次々と工科大学、あるいは工学部や理学部が設けられてきました。アイビーリーグ大学も、このままでは入学生を失ってしまうという危機感もあって、実学を教える学部を創るようになったのです。

いまでは、とくにマサチューセッツ工科大学（MIT：Massachusetts Institute of Technology）やカリフォルニア工科大学（CalTech：California Institute of

Technology）は、理系の大学としては世界的に有名です。

6 芸術大学

　リベラルアーツ、私立および州立総合大学でも、音楽や美術、演劇やダンスをも学ぶことができ、事前に何の技能もなくても（オーディションも作品提出もなく）入学できる場合が多く見られます。アメリカでは芸術は一に自分の人生を豊かに、二に愛する人たち（ファミリーや恋人、友人など）を豊かに、そして三にやっと他人を豊かにすると考えられていて、ちょっとした芸術が生活の中にあちこちに根づいています。また、パフォーマンスの大切なアメリカでは、日本よりずっとずっと芸術を学び楽しむことが一般的とされているのです。

　そういったことに加えて、さらに芸術に特化した大学があります。おもに都会にあって早くから自分の専門を絞りこんだ個性のとても強い人たちの集まりです。

　こういった芸術大学ではオーディションや作品提出の審査があり、またリベラルアーツ・カレッジなどでは芸術一般といって油絵からデザイン、陶芸までいろいろなことを学べるのですが、それとは違い、日本の芸大・美大のように油絵とかデザインとかを選んで入学の申込をしなければなりません。有名なものに The Juilliard School や Pratt Institute（ともにニューヨーク州）などがあります。

7 国立大学

　アメリカの国立大学は、すべて国家を守る軍のエリート、つまり士官を養成する大学です。知能指数の高い、超エリートの集まりとされています。もちろん学費は全額免除です。「ウェストポイント」の名で知られる陸軍士官学校（US MIlitary Academy）やアナポリスにある海軍兵学校（US Naval Academy）などがこれにあたります。

アメリカの
エリート校

◖エリート校の定義

　アメリカのエリート校を定義するにはいろいろな意見があります。たとえば、すぐれた研究機関を備えているとか、社会で活躍している卒業生が多いとか、有名であるとか、教授陣が揃っているとかです。しかしながら、本書では、大学院レベルを含まず、大学レベルのみに的を絞って、次のようにエリート校を定義してみたいと思います。
　①学生たちの学力がとても高く、かついろいろな方面に才能をもつ人が集まってくる大学。
　②大学の財政がとても豊かで、施設や教授陣を含めあらゆる面で中身の濃い学生生活を送れる大学。
　③企業や大学院から卒業生は優秀であると信じられていて、かつ、社会的にも成功するであろうと評判を受けている大学。
　④入学したいと希望する人がとても多く、学生の選抜にたいへん厳しい大学。
　⑤一地方ではなく、アメリカ全国から優秀な学生を集めている大学。
　この基準に従って、4,000校の中から50の大学を選ぶのはとてもむずかしいことですが、あえて挑戦してみました。

◖エリート校の成り立ち

　エリート校の多くは東部にあります。歴史的にみても東から始まったアメリカでは、東部ではハーバード大学やその他IVYリーグ校を中心とした文化的生活が行われていたときに、一方では、いわゆる西部劇も同時進行中であったわけです。
　東西の文化の程度が昔は極端に違っていて、東部以外の州で成功した人たち

は子弟を皆、東部の寄宿制の学校に入れていたわけですから、やはり、いまでも東部にエリート校が多いのは当然の成り行きです。

しかし、だからといって東部以外の州にトップレベルの大学がないわけではありません。「大学の種類」の項でも述べたとおり、どの州でも、その州でよくできる人を入学させる名門州立大学があります。とくにカリフォルニア州は気候もよく、ハリウッドができ、アジアとの交流の拠点になり、それなりにたいへんな発達を遂げた州のため、西部の中では一番大学が多く、エリート校も後から名乗りをあげながらも立派に成長してきたという歴史があります。

◖「州でナンバー１」でも十分

アメリカ人がエリート校を目指すのは、他の国の人と同じで、志高く、生きることに積極的であったり、また、もともとエリートの家系に属していたりすることによるものです。

ただし、アメリカはほかの国と違い、歴史的に州の発達の過程があまりに異なり、教育制度も州本位で、また、一つの州が一つの国ほど大きいため、必ずしもすべての人が東部のエリート校をめがけてやってくるということはありません。

アリゾナに生まれてアリゾナで出世するには、アリゾナ大学をトップで出ることで十分通用することもあって、エリート校でなくても、各州でトップクラスの大学には必ず、東部エリート校にいる学生と同レベルの学生がいることを忘れてはなりません。

◖大学院でエリート校を狙っても遅くない

また、専門的な勉強は大学院でするため、大学から必ずしもトップレベルを狙うとは限りません。大学に入ってから勉強を本格的に始め（高校までは義務教育のため落とされる心配もなく、あまり勉強しないことも多いので）、トップレベルの大学院に入る人がたくさんいることも忘れてはなりません。

◖安全と教育にはカネがかかる

さて、州立以外のエリート校はとても学費が高いのです。「安全と教育はカネで買え」というアメリカでは、よい学校ほど学費が高いということになります。アメリカの私立は、国や州からの援助は基本的に受けません。学費と、卒

業生や大学支援者の寄付で大学が運営されています。卒業生や学生の両親がお金持ちであるほど寄付がたくさん集まります。子どもをエリート校に入学させるということは、子どもの学力のみならず親の財力も試されることになります。

ハーバード大学などは優秀な学生に出す奨学金というのはありません。しかし、ハーバード大学に入れるだけの学力があれば、学費を支払えない人には奨学金が与えられます。英語でNeed-based Scholarship、すなわち、低所得者という中での奨学金はありますが、Merit-based Scholarshipと

Yale University (Photo by Michael Marsland)

呼ばれる、できる人のために、というのはありません。要するに、優秀であるのが大前提で、その上で、学資援助が必要であれば奨学金を与えて入学させるわけです。これを"Need-blind"といいます。また、大学ではなく、町や州の奨学金、そしてさまざまな財団や実業家、また裕福な家族や個人からさまざまな種類の奨学金が出されます。たとえば、町から出る奨学金は、その町の出身者に与えられ、由緒ある家族から出るものは、その血縁者に与えられたりします。

したがって、子どもがエリート校に行っているということは、すなわち親にそれだけの財力があり、それにステータスを感じている親もたくさんいるのです。

奨学金

アメリカの大学の奨学金には実にさまざまな種類があります。①アメリカ連邦政府からのグラント、②連邦政府からお金を借りて返済するローン、③学業成績、スポーツ、芸術、リーダーシップなどの功績者に与えられる奨学金（Merit-based Scholarship）、④学費の全額が支払える財政状況ではない場合、そのギャップを埋めるものとして与えられる助成金（Need-based Scholarship）、⑤在学中にアルバイト的にパートタイムで仕事をして報酬をもらうワーク・スタディ、などです。

[１] アメリカ人が考えるエリートとエリート校

　アメリカ人学生には大学側が①②③④⑤を個人個人のニーズに合わせて組み合わせたものを、合格と同時に提示してきます。その中には将来返済しなければならないものや、返済不要のものなどが組み合わされています。これを Financial Aid Package と呼んでいます。それを見てアメリカ人学生はその大学に行くかどうかを考えます。しかし、留学生には①と②が当てはまりません。全く返済しなくてもよい奨学金として③と④が考えられますが、③はたいへんな激戦ですから、英語のハンディがある留学生はなかなかもらえるものではありません。

　私立名門大学の場合、留学生は④の Need-based Scholarship の申請が可能です。オンラインで CSS/Financial Aid PROFILE というフォームに、出願者本人や両親の個人情報や、両親の収入、資産、負債、家計の収支などの数字を入力します。収入と資産からどのくらいの費用を大学の学費としてあてることができるのかを算出し、その金額と大学の学費の金額の差が Need-based Scholarship の希望金額ということになります。

　CSS/Financial Aid PROFILE に加え、大学独自の書式の提出を求められることもあります。また、家庭の収入に関する裏づけ情報として、親の所得証明書も提出します。所得証明書は親が働いている会社や、税務署、自治体などから発行してもらいます。英語で発行される場合は問題ないのですが、日本語で日本円の金額が記載されている証明書しか得られない場合、英訳および米ドルに換算する作業が必要です。

　しかし、Need-based Scholarship の申請自体、または希望する金額があまりにも多い場合、そのことが合否に影響する大学もあります。一方、入学審査においてそのことが全く影響しない"Need-blind"という方針をとっている大学もあります。

　合格と同時に Need-based Scholarship 授与の有無、授与された場合その金額が提示された Financial Aid Package が届きます。授与された金額が希望する金額より少ない場合もあります。希望する金額に合わせるため、学校が⑤ワーク・スタディも条件として、その金額も含めて提示してくる場合もあります。ワーク・スタディが条件の場合、留学生はキャンパスで働ける仕事をします。

　州立大学の場合、留学生はどの奨学金にも当てはまらないことが多いようですが、大学によってはアメリカ人学生、留学生を問わず Merit-based Scholarship を授与しているところもありますので、激戦ではありますが、大学のウェブサイトで調べておくとよいでしょう。

　アメリカの大学の奨学金についての詳細は、栄陽子著「留学奨学金と節約術」をご参照ください。

エリート校の原点
リベラルアーツ・カレッジ

◆社会のリーダーとしてのエリート養成

　リベラルアーツ・カレッジで IVY リーグに匹敵する大学がたくさんありますが、これが日本で一番知られていないものです。アメリカでもこれら隠れた名門校のことを"Hidden Ivy"（隠れた Ivy 校）などといったりします。

　古い大学に Washington and Lee University（1749 年）、Williams College（1793 年）などがあり、どれをエリート校に入れるかもなかなかたいへんな作業です。

　もともとハーバードやイェールがリベラルアーツ・カレッジであったことは前述したとおりです。その昔、大学に行くなんてことは、一般庶民からはかけ離れた考えで、社会のリーダーになる人（早い話が村長さんとか）を養成するものでした。アメリカの大学は、まず、牧師養成に始まって（教会が町づくりのリーダーシップをとってきたわけですから）、有力者になった人の子弟を育てて社会のリーダーにするということだったのです。

　リーダーになる人は、自らの手と身体を使って仕事にあたるわけではなく、あくまで崇高な立場から社会を引っぱっていかなくてはならないため、もっぱら教養を積むことが要求されます。したがって、実践的なことばかりを勉強するのではなく、あくまで天下国家のために自分自身を高めることが大切なわけです。したがって、哲学や経済学や文学、古典、天文学などを勉強するわけです。

　イギリスのオクスフォードやケンブリッジ大学が世の流れに押されてビジネススクールを設けるようになったのは、ほんの 20〜30 年前の話で、金儲けの方法を勉強する実践的ノウハウなんて、大学で教えるべきことではなかったわけです。

[1] アメリカ人が考えるエリートとエリート校

Bryn Mawr College

エリートに不可欠な幅広い教養

　さて、本来、エリートというものは社会のリーダーとなるべき人たちのことで、若いときから偏った専門を勉強するより人間として幅広い教養を兼ね備えていることが大切にされてきました。したがって、理系・文系を分けるなんてことはもちろんなく、科学も文学も芸術も分け隔てなく理解する姿勢と能力が必要なわけです。この「幅広い教養を身につけさせる」教育、いわゆる全人教育が、リベラルアーツ教育であるのは先述のとおりです。

　アメリカのエリート校を考えるとき、このリベラルアーツ教育の存在を抜きにしては語れないのですが、1871 年に、日本で初めてアメリカに渡った津田梅子が Bryn Mawr College、大山捨松が Vassar College と、それぞれ「セブンシスターズ」(伝統ある名門女子大学 7 校の総称) に入れられる、すぐれたリベラルアーツ・カレッジで学んでその全人教育の種を日本に蒔いたにもかかわらず、いつの間にか日本で、その存在すら忘れられているのは、この情報時代にとてもおかしなことではあるのです。

州立大学の目指したもの

　アメリカでは、国土が広がり開拓が始まり、自らが作業にあたらない社会の

リーダーよりも、実際に手と体を使って国をつくっていく人々が必要になり、州立大学を設けて実学を教えるようになりました。州立大学がおもに農学など、より実践的な勉強を教えて、人を育ててきたわけです。

また、貴族階級の存在しなかったアメリカでは、世襲するものもないかわりに、頭一つ、腕一本で、いくらでものし上がれるチャンスがあり、ハーバード大学などでも、メーキングマネーのノウハウを教えるビジネススクールなどが出来上がっていきました。

●リベラルアーツ・カレッジの成り立ち

■1 町づくりのリーダーを育てる

1636年にハーバード大学が創立されましたが、それはPlymouthに清教徒が来着してわずか16年後のことで、みんなまだ生きるのに精一杯のときでした。ハーバードの最初の卒業生はみんな牧師になり、次いでその地で少しお金持ちになったり、リーダー的存在になったりした人が子弟を入学させました。

つまりハーバードの卒業生は、町の牧師や村長や町長になるべく育てられたのです。荒野を開拓して、大陸がどこまで続いているのか、どれくらいの大きさなのかもハッキリわからなかった時代ですから、ともかく村づくり町づくりにリーダーシップを発揮する人が必要で、そういった人たちは人格円満で幅広い知識と教養を備えていて、分析力・判断力・決断力を要求されたのです。

これがリベラルアーツ・カレッジの始まりです。その当時、アメリカは独立前で、国家という形を成しておらず、東海岸の一部で、イギリス人の植民地ということになっていたので、ハーバードは、初め植民地大学などと呼ばれていましたが、要は、教会を中心として、お金を出せる学生がやってきて大学を始めたわけですから、初期の大学はすべて私立でした。

ちなみにハーバード大学は、マサチューセッツ・ベイ植民地議会の投票によって設立され、自身の書庫と蔵書を大学に寄付したジョン・ハーバードという牧師さんの名前をとっています。

■2 私立の精神

日本では、国のリーダーになる人を養成することになったのは明治になってからで、国のシステムが確立したうえで欧米の真似をして国の指導のもとにつくったので国立（官立）という形で始まりましたが、アメリカは国家の形を成していないときから大学をつくったので、まあボランティアみたいなものから

始まったわけで私立です。したがってアメリカでは、私立の精神というものが、いまでも脈々と受け継がれていて、名門の多くは私立といわれるわけです。

お金のない人にも教育をしたほうがよいという意見はあったのですが、まだメディカルスクール（医学部）などというものもなく、お金持ちの人も病気をしたらすぐ死んでしまうような時代でしたから「万人にタダで教育を与えることはない」という意見のほうが強く、州立ができるのは少し先のことになったのです。

小学校・中学校レベルなどは、近所の子どもが集まって近所の人に習う私塾的なものが多かったのですが、それでも1630年代には私立の小学校ができています。

❸合衆国になるまで

時がたち1800年代になると東から西に向かって幌馬車が行く、いわゆる西部開拓が始まりました。アメリカの中部や西部はアメリカ原住民、すなわちインディアンはいたものの、未知の地であったり、メキシコの植民地であったりしたのですが、ハーバードができて約180年後にいまの大きさのアメリカ合衆国ができあがりました。

このように、ハーバードができ、それから130年後に13州が独立し、西部劇がありと、いまの合衆国ができるまで長い年月がかかっています。アメリカは合衆国よりも、「合州国」と書いたほうが本当はわかりやすいのです。

❹私立総合大学の成り立ち

さて、お金を支払える人、上流階級に育ってラテン語などを勉強した人を入れてリーダーを養成するということで始まったリベラルアーツ・カレッジは、時代が専門的な知識や技術を必要とするようになるにつれ、大きくなっていくものが出てきました。つまり大学が、いろいろな分野の勉強をより高度に特化するようになり、たとえば経営学を専門的に教えるビジネススクール、法律家を養成するロースクール、医者を育てるメディカルスクールに代表されるプロフェッショナルスクールや、大学院を併設する総合大学ができあがっていったのです。

あとからできたリベラルアーツ・カレッジも含めて、いまでは、私立の大学は、Universityと呼ばれる総合大学と、小さなリベラルアーツ・カレッジとの2種類になっています。Universityの中に依然として"Arts & Sciences"と呼ばれる学部があり、これが未だにリベラルアーツ・カレッジの精神を引き継いでいる学部であることは先に触れました。

いまではリベラルアーツ・カレッジは、中産階級の子弟の全人的教育を引き

Johns Hopkins University

受ける機関として、やはりその大きな存在価値を保持しています。

5 多様な入学審査

　さまざまな歴史を経て今の大学教育システムができたアメリカですが、日本にはないシステムがAdmissions Officeと呼ばれるものです。日本は10年くらい前からAO入試という自己推薦や面接のみといった選抜方式を取り入れる大学がたくさんでてきましたが、これはアメリカのAdmissions Officeの表面的な方法を真似たものにすぎません。分析力と判断力と決断力を養うことを重要視する教育では、意見をたたかわせるディスカッションを中心とする教育がさかんです。そのため、いろいろな考え方をもった学生、違った考え方をする学生を集めることが望ましいとされます。

　「君は何を考えているのか」、「君の意見は何だ」と常に考えることを求めてくるアメリカの教育では、各学生がおのおの独特の意見を持ち、あらゆる角度から物事を見て、違う意見をたたかわせることこそ教養や学力があると考えられています。ましてエリートともなると、アメリカにいる、またはアメリカになった多様な人たちをまとめていかなければならないのです（アメリカ人は、ついこの前かあるいは何代か前の先祖がアメリカ人になったので、大昔からアメリカ人であったわけではありません）。

　したがって、Admissions Officeのスタッフの仕事として、多様性に富んだ学生集団を構成することがとても重要です。ただテストをして何点とか、成績を上から順番に並べて何番とかいったような方法で学生を選んだ場合、同じような人間ばかりが集まってしまい、あまり意味がないと考えられています。

　もうひとつ重要なのは、出願書類を審査する能力です。成績証明書や推薦状

[1] アメリカ人が考えるエリートとエリート校

やエッセイ、標準テストの結果など、たくさんの書類に矛盾がないか、エッセイが他人の手にかかっていないか、書類全体から浮かび上がってくる人物像はどんなものか、ただ勉強ができるだけの人間か、おもしろい視点をもった人間か、ユニークなキャラクターか、そういったものを短時間に見抜くことがとても重要です。

さまざまな優先権をつけるのも仕事のひとつです。州立大学は州の人が第一優先ですが、私立の超名門校でもその時の社会情勢によって、お父さん・お母さんが小学校しか出ていないというような新移民の家庭の子どもを2％優先してとるとか(ハングリー精神が強いからです)、留学生を優先してとるとか、両親ともに卒業生の子どもを優先してとるといった具合です。

また、日本人には考えられないような選抜方法もあります。同じ高校から(アメリカにも名門高校はたくさんあります)大量な願書が届くと、同じところから入学させるのはよくないという考えで、どんなによくできる生徒でもその高校からは一定数しかとらないといったこともおきます。中国人があまりにも多くなりすぎて、中国人の割合を少なくしようということもあり得ます。こうなると、同じ高校、同じ国籍どうしの中で競争になります。日本のように〇〇高校から東大に50人なんていうのは、アメリカでは考えられないことです。

いかに大学のレベルを上げつつ多様性に富んだ学生集団にするかがAdmissions Officeの仕事なのです。

日本の受験制度に慣れた日本人には、このAdmissions Officeのあり方がなかなか理解できません。いきおい、TOEFL®スコアが入学基準になってしまいます。しかし、名門校であればあるほどあらゆる能力を要求されますので、TOEFL®スコアのみが評価されるのは、学力や人間の深さなどが無視されているということですので、そのような評価をする大学のレベルは低いということになります。

このような観点から見ると、UCLAやイェールに落ちたけれど、ハーバードには受かったということも起こります。昨年ハーバードに入った人と同じ成績、同じ標準テストのスコアでも今年は入学できないという場合もあります。

日本人ほどアメリカ人はハーバードにこだわっているわけではありません。本格的な学問は大学院から始まり、大学はハーバードでない方がハーバードの大学院に行ける可能性が高いわけですから。アメリカ人は多様性が大好きですから、ハーバードの大学院はハーバード大学のトップクラスを何人もとるより全米の大学からトップをひとりずつとる、ハーバードで博士号を取ったらハーバードには残れない、つまり学閥を作らせない、ということが背景にあります。

また、ハーバード大学を卒業して知名度の高い会社に高い給料で雇われたと

Yale University（Photo by Michael Marsland）

しても、それなりの実力を示し利益を上げなければ、会社を辞めさせられるか給料を下げられます。日本のように名門大学を出て名門企業に入れば一生安泰という考えはないのです（日本も急激に変わってきてはいますが）。

州立大学

さて、私立から学校が始まり、西部開拓の時代になって国土が広がるにつれ、欧州の人に限らずアジアの人たちも流入してくるようになり、アメリカは移民国家として発展していきました。いつしか、貧しい人であれ、移民してきたばかりの人であれ、人は皆、教育をして教育レベルを上げたほうが国は発展するという考えが浸透するにつれ、アメリカでも州立の学校ができるようになっていきました。

新しくできた州が、若者を州の発展に寄与する人間に育てるため、とくに大学には大きな土地を提供して、望む州民を皆、教育するという形をとるようになったのです。また、国や社会のリーダーを養成する全人的教育より、すぐ役に立つ実学を教えるということも州立大学の特徴でした。すなわち、農業や工業など、学問など必要ないと考えられていた分野を大学で勉学することによって、高度な農業や工業を栄えさせていきたいと考えたわけです。

アメリカの実践的な教育は、こういったところに根があるわけです。

州立は、どんな人も、英語さえろくに話せない人でも、その州の人であれば、望めばみんな入学させるということが始まりです。また、東部から西部に向けて開拓されていく段階でこういった制度が新しくできていったので、アメリカでは新しい州ほど州立大学が発達しているというのがその特徴です。

時代がたつにつれ、高校までを義務教育にして教科書も無料で貸し出すとい

う制度を設けていったアメリカでは、州立の大学にも入学したいという人がふえたため、いまでは、どの州も、その州でよくできる人を入学させる州立、まあまあの人を入学させる州立、ちょっとレベルの落ちる人を入学させる州立、どんなに成績の悪い人でも入学させる州立というように、ともかく望む人をすべて入学させる大学群をつくりあげたのです。

したがってアメリカ人は、受験勉強をする必要もなく、高校の成績がどんな成績であっても、それに応じて必ず入学できる大学が存在するということになっています。こうしたことから、入学がやさしいというわけです。

また、学業のよくできる人を入学させる州立は、これまた時代の流れとともに大きな総合大学に発展し、大学院を擁する巨大な組織になっています。

●高度な情報社会だから求められるリベラルアーツ教育

アメリカではリベラルアーツ教育で得られる幅広い教養よりも、より実践的なもの、すぐ役に立ちそうなものを求める傾向が強くなっていったのですが、依然として、裕福な家庭では、時間をかけてゆっくり教育し、人間の基礎をつくる勉強が大切とされてきました。

また、あまりにも世の中が発達し、裕福な層でなくても、かなり高度な学問や技術を身につけなければよい仕事ができなくなった現代では、高度な専門を学びたいと思えば思うほど、基礎的な勉強がとても大切だと考えられるようになっています。

これだけ高度な技術、情報が発達した社会であればあるほど、さまざまな分野に共通する基本的知識や知恵がより必要になるというわけで、将来、高度な技術や知識を要する仕事や地位を得たいと思えば思うほど、リベラルアーツ教育が必要といわれています。

●リベラルアーツ教育の目指すもの

ちなみに、The Hidden Ivies（Greene's Guide）という優秀なリベラルアーツ・カレッジを紹介した本に記されているリベラルアーツの目指す教育とは次のようなものです。
・想像力を働かせ、かつ失敗を恐れず問題解決を図る
・口頭または書面で自分の意見を系統だて論理的に首尾一貫したものを適切な言葉で表現する
・データを分析し、系統だてながら活用し解答を得る

・適切な情報を得ながら目標を設定し、そして必ずその目標を達成する
・物事に対し決断を下すために、自己の価値観・道徳観を確立する
・各個人の専門分野あるいは地域において、周囲との協調を図る能力を養う

◖すぐれたリベラルアーツ・カレッジ

リベラルアーツ・カレッジを紹介している出版物にはいろいろありますが、*The Hidden Ivies* ですぐれた大学として紹介されているリベラルアーツ・カレッジを紹介します。東部に存在するものが多いことがよくおわかりいただけると思います。もちろん、これらの中には本書で紹介されているエリート大学50校に選ばれているものも少なくありません。

　　Amherst College（マサチューセッツ州）
　　Barnard College（ニューヨーク州）
　　Bates College（メイン州）
　　Bowdoin College（メイン州）
　　Bryn Mawr College（ペンシルバニア州）
　　Carleton College（ミネソタ州）
　　Claremont McKenna College（カリフォルニア州）
　　Colby College（メイン州）
　　Colgate University（ニューヨーク州）
　　Colorado College（コロラド州）
　　Davidson College（ノースカロライナ州）
　　Grinnell College（アイオワ州）
　　Hamilton College（ニューヨーク州）
　　Haverford College（ペンシルバニア州）
　　Middlebury College（バーモント州）
　　Mount Holyoke College（マサチューセッツ州）
　　Oberlin College（オハイオ州）
　　Pomona College（カリフォルニア州）
　　Reed College（オレゴン州）
　　Smith College（マサチューセッツ州）
　　Swarthmore College（ペンシルバニア州）
　　Vassar College（ニューヨーク州）
　　Washington and Lee University（バージニア州）
　　Wellesley College（マサチューセッツ州）

[1] アメリカ人が考えるエリートとエリート校

なぜエリート校に留学するのか？

◖エリート校の魅力

　日本人がこういうエリート校を目指すというのには、どういう意味があるのでしょうか？
　やはり、世界のエリートとして活躍するチャンスをつかむため、というのが一つの大きな目的となると考えられます。アメリカでの社会的評価のみならず、クラスメイトやルームメイトとの横のつながりというのも大きな将来の力になります。
　アメリカのエリート校には、アメリカ人のみならず世界のエリートファミリーの子弟や王侯貴族の子弟もいることがあります。こういった人たちとのコネクションは、世界で活躍したいと考える人には、とても魅力的なものです。

◖世界のエリート教育におくれをとる日本

　アジアのエリートたちは、子どもの一人は自国の大学、一人はアメリカの大学、一人はヨーロッパというように世界で教育を受けさせ、世界の生の情報を得、世界にコネクションを広げるのは常識です。中国でさえも要人の子弟の多くがアメリカで教育を受けているのが現状であり、またインドが、IT産業で世界にのし上がってきたのも、上流階級および優秀な若者がこぞってアメリカで教育を受け、そのコネクションが基になっているわけです。
　シリコンバレーで働く人の半分が外国人で、その大部分はインド人、次に中国人で、日本人はほんの少しという有様ですから、日本人が、自国での受験というものにしのぎを削っている間に、どんどん世界のエリート教育から閉め出されていっていることは否めません。

エリート校とよばれる
大学の種類

◗IVY リーグ

　エリート校としてまず歴史的にも古く、いちばん有名なのは IVY リーグです。IVY リーグの名前は、古くからあるレンガづくりの学舎にからまるツタ(Ivy)から由来すると一般にはいわれていましたが、実はこれは誤りです。実際、ツタはレンガによくないそうです。
　"IVY League"の名は、"IV (Inter-Varsity の略) League"からきています。Inter-Varsity League とは、大学間のアスレチックリーグのことで、当時は Brown、Columbia、Cornell、Dartmouth、Harvard、U-Penn、Princeton、そして Yale で結成されているアスレチックリーグを "IV League" とよく呼んでいた（発音はやはり「アイビーリーグ」）のですが、これを 1903 年、ニューヨークのある新聞記者が、故意か誤ってか "IVY" と表記したために、Ivy League の名が浸透していったというのが、定説です。日本の六大学野球にたとえるとわかりやすいのですが、この六大学も、実は Ivy League を真似たものといわれています。

■1 IVY リーグ校、それぞれの特徴

▶ **Harvard University**（1636 年創立）
　だれもが知っている名門校で、全米で最初にできた大学です。Harvard College というリベラルアーツの男子校にはじまり、いまでは世界一といわれるメディカルスクール、ロースクールをかかえる University になっています。大学 1 年生としては、この Harvard College に出願することになります。

▶ **Brown University**（1764 年創立）
　ロースクールとビジネススクールをもたない総合大学で、学生主体のカリキュラムを組んでいることで知られています。

[1] アメリカ人が考えるエリートとエリート校

Princeton University
(Photo by Mahlon Lovett)

▶ **Columbia University**（1754年創立）
元は男子校の Kings College に始まり、いまでは、女子大の Barnard College も加えて大学部門が4つ、IVYリーグの中では最も多様な大学院の学部（スクール）をもっています。

▶ **Cornell University**（1865年創立）
7つの学部と7つの大学院機関からなりますが、7つのうち3学部と大学院の1機関は、州によって運営されています。

▶ **Dartmouth College**（1769年創立）
アメリカ原住民を教育するために創られた大学で、リーグ中最も規模が小さく、いまでも"University"ではなく"College"の名を保持しています。あくまでも4年間かけての大学教育が中心です。

▶ **Princeton University**（1746年創立）
ロースクール、メディカルスクールなどをもたず、大学院よりも大学教育に力を入れることで知られます。

▶ **University of Pennsylvania**（1740年創立）
大学レベルで4つの学部があり、それぞれある程度独立しているため、「4つの大学からなる」とよくいわれます。一般教養は専攻にかかわらず School of Arts and Sciences で勉強します。

▶ **Yale University**（1701年創立）
ハーバード大学の年来のライバル校で、アイビーリーグのフットボールの試合は、必ずこのイェールとハーバードの試合で締めくくられるという伝統があります。大学レベルの中心学部は Yale College で、ほかに11のプロフェッショナルスクールと、グラジュエイトスクール（一般的学問を扱う大学院）からなります。

◖セブンシスターズ

IVY リーグはもと男子校で、IVY リーグに対する女性版として Seven Sisters と呼ばれるものがあります。現在は男女共学になっているか、総合大学に吸収されているものもありますが、ほとんどは未だにレベルの高いリベラルアーツ・カレッジとしてアメリカでは知られています。その昔、セブンシスターズの Wellesley College と Harvard College の卒業生が結婚して子どもを産むとたいへん頭のよい子が生まれるといわれたものです。アイビーリーグは総合大学になりましたが、セブンシスターズはリベラルアーツ・カレッジの形のまま残っています。

❶セブンシスターズ、それぞれの特徴

▶ **Radcliffe College**（1879 年創立）
いまは Harvard University の中の一つに吸収されていて、独立した機関としては存在しません（そのため、本書のエリート大学 50 校には入っていません）。

▶ **Barnard College**（1889 年創立）
Columbia University の一部ですが、独立した女子大学です。Columbia University で提供されているクラスをとることもできます。

▶ **Bryn Mawr College**（1885 年創立）
津田梅子が学んだことで知られ、いまも女子大のリベラルアーツで名門であり、その美しいキャンパスを誇っています。隣にリベラルアーツの名門 Haverford College があります。

▶ **Mount Holyoke College**（1837 年創立）
全米初の女子大で、同じセブンシスターズの一校 Smith College を含む他の 4 大学と、クロスレジストレーションのシステムを組み、どの大学で授業をとってもいいという開かれた大学システムをとっています。

▶ **Smith College**（1871 年創立）
Mount Holyoke College を含む近隣の 4 大学とクロスレジストレーションを組んでいます。全米最大の女子大で、レーガン大統領夫人をはじめ逸材を輩出しています。

▶ **Vassar College**（1861 年創立）
Yale University からの合併の申し出を断り、男女共学化に成功した最初の女子大で、大山捨松が学んだことで知られます。

[１] アメリカ人が考えるエリートとエリート校

▶ **Wellesley College**（1870 年創立）
ボストン郊外にしっとりとした美しいキャンパスを持ち、いまも女子大として超名門校です。ヒラリー・クリントンほか、数々の女性リーダーが卒業しています。

◗Public IVY

州立大学で、IVY リーグと同じぐらい質もよくレベルも高いといわれる大学を Public IVY と呼んでいます。質は同じだけれども、州民にとっては費用が半分か３分の１ですむというのが売りものです。州立は、私立より後からできたものであり、州で望むすべての人に教育を提供し、そして実践的な教育をして国を富ませる若者を育てるという目的でつくられたものですが、歴史を重ねるにつれて州内でもトップレベルの州立大学というのができあがってきました。

いまでは古い州立大学の多くは総合大学になっています。

次にあげるのは *The Public Ivies*（Greene's Guides）という本にすぐれた州立大学として紹介されている大学です。

College of William and Mary（バージニア州）
Indiana University Bloomington（インディアナ州）
Miami University（オハイオ州）
Michigan State University（ミシガン州）
Ohio State University（オハイオ州）
Pennsylvania State University（ペンシルバニア州）
Rutgers, The State University of New Jersey（ニュージャージー州）
State University of New York at Binghamton（ニューヨーク州）
University of Arizona（アリゾナ州）
University of California, Berkeley（カリフォルニア州）
University of California, Davis（カリフォルニア州）
University of California, Irvine（カリフォルニア州）
University of California, Los Angeles（カリフォルニア州）
University of California, San Diego（カリフォルニア州）
University of California, Santa Barbara（カリフォルニア州）
University of Colorado at Boulder（コロラド州）
University of Connecticut（コネチカット州）
University of Delaware（デラウェア州）
University of Florida（フロリダ州）

University of Georgia （ジョージア州）
University of Illinois at Urbana-Champaign （イリノイ州）
University of Iowa （アイオワ州）
University of Maryland College Park （メリーランド州）
University of Michigan, Ann Arbor （ミシガン州）
University of Minnesota, Twin Cities （ミネソタ州）
University of North Carolina at Chapel Hill （ノースカロライナ州）
University of Texas at Austin （テキサス州）
University of Virginia （バージニア州）
University of Washington （ワシントン州）
University of Wisconsin-Madison （ウィスコンシン州）

［２］
栄 陽子が選ぶ超難関校

[2] 栄 陽子が選ぶ超難関校

エリート校
ベスト50セレクション

　それでは、以上のさまざまな要素を踏まえて、エリート校として50校選んでみましょう。

　国立大学はウェストポイントに代表される軍の大学で軍のエリート養成校なので、対象外としました。コミュニティカレッジは地域の人で望む人はみんな入学させて職業訓練なども兼ね備えるというもので、エリート校は存在しません。芸術大学は、エリート校というには区分が異なりますので、ここではエリート校はナシということにしました。

　したがって、私立総合大学、州立総合大学、理系の大学およびリベラルアーツ・カレッジ群からエリート校を選び出すということになりました。

❶私立総合大学

▶ Ivy League 8校
　Brown University（RI）
　Columbia University（NY）
　Cornell University（NY）
　Dartmouth College（NH）
　Harvard University（MA）
　Princeton University（NJ）
　University of Pennsylvania
　Yale University（CT）
▶ その他の私立総合大学
　California Institute of Technology
　Carnegie Mellon University（PA）
　Duke University（NC）
　Georgetown University（DC）
　Johns Hopkins University（MD）
　Massachusetts Institute of Technology
　New York University
　Northwestern University（IL）
　Rice University（TX）
　Stanford University（CA）
　Tufts University（MA）
　University of Chicago（IL）
　University of Notre Dame（IN）
　Washington University（MO）

エリート校ベスト50セレクション

2 州立総合大学

University of California, Berkeley	University of Michigan, Ann Arbor
University of California, Los Angeles (UCLA)	University of North Carolina, Chapel Hill
University of Illinois, Urbana-Champaign	University of Virginia
	University of Wisconsin, Madison

3 リベラルアーツ・カレッジ

Amherst College (MA)	Mount Holyoke College (MA)
Barnard College (NY)	Pomona College (CA)
Bates College (ME)	Smith College (MA)
Bowdoin College (ME)	Swarthmore College (PA)
Bryn Mawr College (PA)	Trinity College (CT)
Carleton College (MN)	Vassar College (NY)
Claremont McKenna College (CA)	Washington and Lee University (VA)
Colby College (ME)	Wellesley College (MA)
Harvey Mudd College (CA)	Wesleyan University (CT)
Haverford College (PA)	Williams College (MA)
Middlebury College (VT)	

Amherst College (Photo by Frank Ward)

[2] 栄 陽子が選ぶ超難関校

◀栄 陽子が選ぶエリート50校リストの見方

⬇表サンプル
❶ Brown University
❷ Office of College Admission, Brown University, 45 Prospect Street, Box 1876, Providence, RI 02912
❸ ☎ 401-863-2378　FAX 401-863-2378
❹ E-mail：admission_undergraduate@brown.edu
❺ HP：http://www.brown.edu/

❻創立年	1764年
❼授与学位	B、M、D、F
❽種類	私立総合大学
❾キャンパス面積	140エーカー
❿近隣都市までの所要時間	プロビデンス市内に所在
⓫大学生数と男／女比	約6,300人　　47／53%
⓬人種別比	N.A.:0%　中南米系:9%　A.A.:5%　アジア系:15%
⓭在学生の各種割合	州外からの学生の割合：85%　留学生の割合：9%
⓮学費と寮費&食費	約42,500ドル　　約11,000ドル
⓯願書締切日	1月1日
⓰図書館の蔵書数	300万冊以上
⓱ TOEFL®テストの要求点数	100
⓲ SAT®テストの得点平均域	CR：660-760　M：670-770　W:670-770
⓳合格率	9%
⓴著名な卒業生：ジェームズ・L.マクレーン（歴史家）、アンディ・ハーツフェルド(マッキントッシュの開発者)、ジョン・D.ロックフェラー（事業家）、ジョン・F.ケネディJr.（法律家、出版業）、テッド・ターナー（CNN創業者)、メアリー・カーペンター（グラミー賞受賞歌手）、チャールズ・E.ヒューズ（元最高裁長官）、トーマス・ワトソンJr.（元IBM社長）、国谷裕子（キャスター）	

☆ 大学は、アイビーリーグ大学、私立総合大学、州立総合大学、リベラルアーツ・カレッジの順に、それぞれアルファベット順に掲載しています。
☆ 基本的に大学院レベルのデータは含みません。
☆ N／Aはデータなしという意味です。

❶大学名
❷住所：②〜④については原則的に大学の入学管理事務所（Admissions Office）の連絡先を掲載
❸電話番号とファクス番号：日本から電話・ファクスをする場合は、アメリカの国番号「1」を最初に入れる
❹Eメールアドレス
❺ホームページアドレス
❻創立年
❼授与学位
　A：Associate Degree：準学士号：二年制課程を修了して得られる学位
　B：Bachelor's Degree：学士号：四年制大学を卒業して得られる学位
　M：Master's Degree：修士号：修士課程を修了して得られる学位
　D：Doctoral Degree：博士号：博士課程を修了して得られる学位
　F：First Professional Degree：ファーストプロフェッショナルディグリー：メディカルスクール（MD）やロースクール（JD）など、職業的に専門性の高い課程を修了して得られる学位
❽種類
　私立総合大学、州立総合大学、リベラルアーツ・カレッジの三つに分類
❾キャンパス面積：1エーカーは4,046.9平方メートル（約64メートル四方）
❿近隣都市までの所要時間
⓫大学生数と男／女比
⓬人種別比
　N.A.：Native American ネイティブアメリカン、通称インディアンのこと
　中南米系：Hispanic のことで、そもそもはスペイン語圏からの移民のことだが、その多くが中南米（ブラジルを除く）から来ているので、ここでは中南米系と表示
　A.A.：African American アフリカ系アメリカ人、通称黒人のこと
　アジア系：日系人を含むアジア系アメリカ人のこと
　人種別の学生の割合は、日本人には馴染みの薄いことだが、アメリカの大学ではこのデータがよく取りざたされる。志望校選びにおいても、必ずといっていいほどこの数字を参考にするくらいだ。アメリカの大学は、人種別、性別、年齢別、宗教別などで入学生を差別しないというのが建て前だが、一方で学生の多様化に力を入れていて、ある特定の人種に偏らないように入学生のバランスをとっている。Affirmative Action というのは「マイノリティ優遇措置」などと訳されるが、逆にこれを公然と採用している大

学もあり、日常的に議論の的になっている。国の人種構成と同じ比率でその人種の学生を在学させるべきだといった運動も頻繁であれば、それに反対する向きももちろんある。人種ではないが、女子大が未だ存続しているのは、男性がそれによって被差別の意識をもたないからだと言われているが、多くの共学校では男子と女子の割合もできるだけバランスをとるようにしている。人種問題はとてもデリケートな問題で、それについて触れることすらタブーとされることも珍しくないが、アメリカではどうしても避けられない問題でもある

❸在学生の各種割合
州外からの学生の割合と留学生の割合を掲載

❹学費と寮費＆食費
アメリカの大学の学費は、年に４〜８％値上がりするのが普通なので、ここに表示の額よりも少し多めに見積もっておいたほうがいい。また学部によって学費に差があることもあるので、出願時期に個別に問い合わせよう

❺願書締切日
秋学期の入学（８月末〜９月上旬）のための願書締切日を掲載。年度によって変更されることがあるので、実際に出願する年度の願書締切日を各校のウェブサイトで確認しよう

❻図書館の蔵書数
原則としてマイクロフィルムは含まない

❼TOEFL®テストの要求点数
TOEFL®スコアはあくまでも英語力を測る目安に過ぎないので、このスコアをクリアしているから必ず合格するとか、逆にこのスコアに達していないから必ず不合格になるとかいうことはない

❽SAT®テストの得点平均域
SAT®はScholastic Aptitude Test®の略で、読解（Critical Reading）、数学（Mathematic）、ライティング（Writing）の３つのセクションから成る、アメリカの高校生が受ける大学進学適性試験のこと。各セクション200〜800点の間でスコアが出される。留学生にSAT®受験を課す大学とそうでない大学があるが、ここに掲載するようなエリート校では、そのほとんどが合格判定基準の一つとしてSAT®受験を留学生に求めている。一方、SAT®の信憑性も問われていて、あえてSAT®スコアの提出を求めない大学も増える傾向にある。ここでは、合格者のCR（読解）、M（数学）、W（ライティング）の得点平均域（上位25％〜75％）を掲載

❶⓽合格率
❷⓪著名な卒業生
大学、大学院修士課程、大学院博士課程の卒業生を含むので、同じ名前が複数の大学に登場することもある
❷⓵ Profile
大学の概説
❷⓶ Academic Life
カリキュラムや卒業までの必修条件、授業形態など、学業面における特徴
❷⓷ Social Life
学業以外、余暇や周辺の環境、サークル活動やスポーツなどの特徴
❷⓸ Admissions
入学審査における特徴。入学審査においてとくに何を重視するかなど。アメリカには、日本のような一斉の入学試験がないので、すべて書類審査で合否が決定される。Admissions Office の専門家たちが一人ひとりの出願書類をじっくり吟味して合否を判断するため、出願してから合否の結果が届くまで２〜４か月くらいかかるのも特徴だ。また Admissions Office のディレクターが替わったりすると審査基準も変更されることが珍しくないし、出願者の増減によって難易度が変わることもあるので、ここに書かれていることは参考程度に考えたい

Brown University

Office of College Admission, Brown University, 45 Prospect Street, Box 1876, Providence, RI 02912
TEL 401-863-2378　FAX 401-863-2378
E-mail：admission_undergraduate@brown.edu
HP：http://www.brown.edu/

創立年	1764年
授与学位	B、M、D、F
種類	私立総合大学
キャンパス面積	140エーカー
近隣都市までの所要時間	プロビデンス市内に所在
大学生数と男／女比	約6,300人　47／53％
人種別比	N.A.:0％　中南米系:9％　A.A.:5％　アジア系:15％
在学生の各種割合	州外からの学生の割合：85％　留学生の割合：9％
学費と寮費＆食費	約42,500ドル　約11,000ドル
願書締切日	1月1日
図書館の蔵書数	約300万冊以上
TOEFL®テストの要求点数	100
SAT®テストの得点平均域	CR：660-760　M：670-770　W：670-770
合格率	9％

著名な卒業生：ジェームズ・L.マクレーン（歴史家）、アンディ・ハーツフェルド（マッキントッシュの開発者）、ジョン・D.ロックフェラー（事業家）、ジョン・F.ケネディJr.（法律家、出版業）、テッド・ターナー（CNN創業者）、メアリー・カーペンター（グラミー賞受賞歌手）、チャールズ・E.ヒューズ（元最高裁長官）、トーマス・ワトソンJr.（元IBM社長）、国谷裕子（キャスター）

Profile

　一般教養の必修科目が少なく、学生たちは、自分の意思で勉強の仕方、科目選択、学習内容を決める。かなりの自主性が要求されるが、学生同士のライバル意識が薄く、リベラルかつリラックスした雰囲気をもつことで知られる。福沢諭吉を初め明治維新の立役者らが当時の学長フランシス・ウェーランドの「経済論」を耽読し、野口英世や新渡戸稲造らが名誉学位を取得するなど、日本とのかかわりは深い。ロースクールとビジネススクールをもたない総合大学で、高度な専門に特化しすぎない全人的な教育にも努める。

Academic Life

　カリキュラムの特徴を一言で言うと「選択の自由」。一般教養の規定はなく、卒業のために32科目を履修するという規定と専攻分野の規定を除き、自由に科目を選択できる。「書く」ことが学問において特に重要であるという観点から、学生は専攻を決定する際に、それまでにどのように「書く」ということを成し遂げてきたかを具体的に示さなければならない。大学はリサーチプロジェクトにも積極的に予算を与え、4年生が教授と共同研究をすることも珍しくない。近隣の美術系名門大学 Rhode Island School of Design との提携で、5年間で両校から2つの学位を取得できるプログラムもある。教授は教育熱心で学生の評価も高い。人気の専攻分野は生物学、歴史学、英文学。数学、生物学、バイオエンジニアリング、外国語などの分野は全米でトップレベルを誇る。言語データベース「コーパス」を開発したことでも知られ、最近では天文学分野での研究発表でよく名前が聞かれる。

Social Life

　学生サークルの種類が多く活動も盛んで、学生たちも積極的に参加する。とくに政治サークルの運動は伝統的に活発。勉強熱心な学生が集まるので、週末はキャンパスに残ってリラックスするという人も多い。Providence は港町としても美しく、また美味しいレストランが多いことで知られる。

Admissions

　高校の成績を最重視するが、高校時代のユニークな経験、自主的に行ったプロジェクト、特異な才能——アートやスポーツなど——も大きく加味される。卒業生・在学生の血縁者は優遇され、また多様性をとても重視するため、できるだけたくさんの地域や国から入学生を受け入れる。

Columbia University-Columbia College

Office of Undergraduate Admissions, Columbia University, 212 Hamilton Hall, Mail Code 2807, 1130 Amsterdam Avenue, New York, NY 10027
TEL 212-854-2522　FAX 212-854-3393
E-mail：ugrad-ask@columbia.edu
HP：http://www.columbia.edu/

創立年	1754年
授与学位	B
種類	私立総合大学
キャンパス面積	35エーカー
近隣都市までの所要時間	ニューヨーク市内に所在
大学生数と男／女比	約5,900人　　50／50％
人種別比	N.A.:1%　中南米系:11%　A.A.:9%　アジア系:15%
在学生の各種割合	州外からの学生の割合：67%　留学生の割合：10%
学費と寮費＆食費	約45,500ドル　　約11,500ドル
願書締切日	1月1日
図書館の蔵書数	約720万冊
TOEFL®テストの要求点数	100
SAT®テストの得点平均域	CR：680-770　M：690-780　W：680-770
合格率	10%

著名な卒業生：アレン・ギンズバーグ（詩人）、アンソニー・パーキンス（俳優）、パット・ブーン（歌手）、アート・ガーファンクル（ミュージシャン）、ミルトン・フリードマン（経済学者）、イサム・ノグチ（彫刻家）、J.D.サリンジャー（作家）、アイザック・アシモフ（SF作家）、オスカー・ハマースタイン（作曲家）、ルー・ゲーリック（野球選手）、トニー・クシュナー（戯曲作家）、ドナルド・キーン（日本文学者）、エドワード・G.サイデンステッカー（日本文学者）、エド・ハリス（俳優）、ウィリアム・ノーレス（野依教授と共にノーベル化学賞を受賞）、バラク・オバマ（第44代大統領）

Profile

アイビーリーグの中で Columbia が際立つのは、そのロケーションに尽きる。世界で最も国際的でエキサイティングな街マンハッタンに位置するキャンパスと荘厳な建物。キャンパスを一歩出れば喧騒の大都会、しかしキャンパス内はそれとはまったく雰囲気を異にした、歴史の香りあふれるアカデミックな雰囲気が漂う。学生の多様さも魅力の一つ。第 34 代大統領アイゼンハワーが学長を務めたこともあり、政界への影響力をもつ。三木元首相もここで名誉学位を得た。Columbia College がこの大規模総合大学の大学部門の教養学部。

Academic Life

新聞王 J. ピュリッツアーの大学への寄付に端を発するジャーナリズムの分野が有名で、ピュリッツァー賞の授賞式もここで行われる。その他比較文学、外国語、オペレーションズ・リサーチ、地学、統計学、科学、中世学、社会学、芸術分野全般など、数多くの分野が全米でトップレベル。工学プログラムの評価も高い。またディスカッションやゼミ形式の授業が多用される一般教養課程は、そのすぐれた西洋文明の教育により定評がある。学術的にすぐれた教授ばかりだが、とくに大学生との接点が少なく、学生たちは自主的、自発的に教授に教えを求めたり質問をしたりする姿勢が求められる。求めればそれなりに応えが返ってくる教育環境だが、受身でいるとあっという間に落ちこぼれてしまう。English、歴史学、政治学が人気の専攻分野。

Social Life

決して飽くことのない街マンハッタンでは、あらゆる娯楽、文化、スポーツイベントが毎日繰り広げられる。ブロードウェイミュージカル、メトロポリタン、MOMA などの美術館、マディソンスクエアガーデン等でのスポーツイベントなど。逆に、キャンパス内でのイベントはそれほど盛んでない。

Admissions

高校の成績を最重視するが、学生の多様性を重視するため、エッセー、性格やユニークな才能をも加味する。そのため、成績をよくするのはもちろんのこと、スポーツ、ボランティア、アルバイトなど、課外でリーダーシップを発揮するなどしてアピールする必要がある。

Cornell University

Undergraduate Admissions Office, Cornell University, 410 Thurston Avenue, Ithaca, NY 14850
☎ 607-255-5241　📠 607-255-0659
E-mail：admissions@cornell.edu
HP：http://www.cornell.edu/

創立年	1865 年
授与学位	B、M、D、F
種類	私立総合大学
キャンパス面積	745 エーカー
近隣都市までの所要時間	ニューヨークまで車で約 4 時間半
大学生数と男／女比	約 14,000 人　　51 ／ 49％
人種別比	N.A.:0％　中南米系:6％　A.A.:5％　アジア系:17％
在学生の各種割合	州外からの学生の割合：59％　留学生の割合：9％
学費と寮費＆食費	約 42,000 ドル　約 13,500 ドル
願書締切日	1 月 1 日
図書館の蔵書数	約 720 万冊
TOEFL®テストの要求点数	100
SAT®テストの得点平均域	CR：630-730　M：670-770　W：N ／ A
合格率	18％

著名な卒業生：パール・S.バック（ノーベル賞作家）、バーバラ・マクリントック（ノーベル医学賞受賞者）、トニー・モリソン（ノーベル賞作家）、クリストファー・リーブ（俳優）、李登輝（前台湾総統）、カート・ヴォネガット Jr.（作家）、トーマス・ピンチョン（作家）、ジョセフ・ロージー（映画監督）、サミュエル・R.バーガー（元国家安全保障問題担当大統領補佐官）、フランシス・フクヤマ（政治学者）、南博（社会心理学者）

Profile

アイビーリーグらしい歴史を感じさせるキャンパスは、その美しさで定評がある。アイビーリーグの中では最も大きく、総合的なカリキュラムを組んでいて、提供されている科目は何と 4,000 以上。七つの College と七つの大学院部門（professional school を含む）から成る私立総合大学だが、うち三つの College は州により運営されているのが特徴。その規模の大きさが在学生の不満の種で、1 クラスの学生数が 100 人を越すクラスも珍しくない（2,000 人の学生が受講するクラスもあるとか！）ため、相当の主体性と自発性が要求される。「最も卒業がむずかしい大学」としばしば言われるのもそのため。

Academic Life

全米で初めて獣医学、機械工学で学位を授与した大学、また大学レベルで初めてホテル経営学を設けた大学として知られ、キャンパス全体の情報ネット網を張り巡らせるのも全米の大学でトップをきった。過去 41 人の卒業生、教授がノーベル賞を受賞していて、現在もそのうち 3 人の教授がここで教鞭をとっている。教授は "Open Door Policy" にのっとり、学生たちの訪問を受け入れる姿勢をとろうとしているが、大学生との間に距離があるのは否めない。語学のプログラムが優れていて、30 以上の言語を教えているほか、農業工学、物質工学などの農学・工学系、気象学、栄養学、行動科学のプログラムは全米トップレベルを誇る。遺伝子組換えの有害報告が世界をあっと言わせたのは記憶に新しい。人気の専攻分野は経済学、行動科学、生物科学。

Social Life

冬は極寒で、「勉強するほかない」との在学生の声も。17 もある図書館は学生たちの格好の勉強場だが、キャンパスをとりまく自然は、釣り、ハイキング、クロスカントリー、スキーなど、あらゆるアウトドアスポーツの機会を提供してくれる。クラブやサークルが多様で、何かしら自分の興味に見合うグループを見つけられるだろう。スポーツは NCAA Division Ⅰ。

Admissions

毎年 20,000 通以上の願書が寄せられるが、高校の成績、SAT®/TOEFL® スコアを重視しながらも、推薦状、エッセーなどから察せられる出願者の人格、リーダーシップ、特技なども等しく審査する。出願は七つの College いずれかにし、入学条件も College によってやや異なるのが特徴。

Dartmouth College

Office of Undergraduate Admissions, Dartmouth College, 6016 McNutt Hall, Hanover, New Hampshire 03755
TEL 603-646-2875　FAX 603-646-1216
E-mail：admissions.office@dartmouth.edu
HP：http://www.dartmouth.edu/

創立年	1769 年
授与学位	B、M、D、F
種類	私立総合大学
キャンパス面積	265 エーカー
近隣都市までの所要時間	ボストンまで車で約 2 時間
大学生数と男／女比	約 4,200 人　　51／49％
人種別比	N.A.:4％　中南米系:7％　A.A.:8％　アジア系:14％
在学生の各種割合	州外からの学生の割合：89％　留学生の割合：7％
学費と寮費＆食費	約 43,000 ドル　約 12,500 ドル
願書締切日	1 月 1 日
図書館の蔵書数	N／A
TOEFL®テストの要求点数	100
SAT®テストの得点平均域	CR：670-770　M：680-780　W：670-780
合格率	13％

著名な卒業生：サルモン・P. チェイス（元国務長官）、ルイス・エルドリッチ（作家）、ロバート・フロスト（詩人）、バック・ヘンリー（映画監督）、ノーマン・マクレーン（作家）、ネルソン・ロックフェラー（元副大統領）、セオドア・カイゼル（Dr. Seuss）（作家）、ジョージ・デービス・スネル（遺伝学者）、ダニエル・ウェブスター（政治家、弁論家）、オーエン・チェンバレン（物理学者）

Profile

もともとアメリカ先住民のための教育提供を目的として設立されたこの大学はアイビーリーグ中最も規模が小さく、有名な"Dartmouth Case"で州立大学になることを拒み、未だ"College"の名称を保持する。4年間かけてじっくり学生を教育するために、編入生をほとんど採らない。緑豊かな美しいキャンパス、施設の充実度、教育熱心で親身に指導する教授たちにより学生の満足度をとても高く持続させている。アイビーリーグの中では最もケアが厚く、「Dartmouthに入学できてよかった」とは在学生共通の弁だ。

Academic Life

1972年に共学となって以来導入している"Dartmouth Plan"は四学期制のカリキュラムで、1学期にだいたい3クラスずつ履修し2〜3年次の間の夏の学期は必修になっている。教育の中心は大学院ではなく大学にあり、ほぼすべての科目が博士号をもつ教授に教えられる。教授と学生との親密度もアイビーリーグ中ダントツで、教授たちは世界的にすぐれた学者であるだけでなく、すばらしい教育者だ。人気の専攻分野は経済学、English、歴史学、政治学などで、工学、宗教学、地学の分野にとくにすぐれている。歴史ある名門校のため、古典(ギリシャ・ラテン語／文学)やヘブライ語などの専攻もある一方、フィルム／メディア研究という専攻もあり、製作も含め映画やテレビの理論、歴史、批評を学ぶ。コンピュータ言語BASICを開発したのもほかならぬDartmouthである。

Social Life

すべての学生にコンピュータをもつことが課せられるキャンパスでは、学生同士のコミュニケーションはEメールで、が基本。DartmouthではEメールのことを"blitz"(「急襲(する)」の意)と呼ぶ。サークルでは音楽のグループが盛ん。長く寒い冬には、スキーやスノーボードを楽しめる。フラタニティ、ソロリティがキャンパスの娯楽を独占しているとも言われる。キャンパス外に都会的な刺激はない。

Admissions

高校の成績が最重視され、またエッセーや推薦状も加味されるが、州民であることがプラスにはたらき、一方で多様性も重視するため、ユニークなバックグラウンドをもつこと、またマイノリティであることもよい条件となることがある。性格的要素は、Dartmouthの卒業生との面接で審査される。

Harvard University

Office of Admissions and Financial Aid, Harvard College, 86 Brattle Street, Cambridge, MA 02138
☎ 617-495-1551　📠 617-495-8821
E-mail：N/A
HP：http://www.harvard.edu/

創立年	1636年
授与学位	B、M、D、F
種類	私立総合大学
キャンパス面積	380エーカー
近隣都市までの所要時間	ボストンまで電車で5分
大学生数と男／女比	約6,600人　　48／52％
人種別比	N.A.:1％　中南米系:7％　A.A.:7％　アジア系:15％
在学生の各種割合	州外からの学生の割合：74％　留学生の割合：10％
学費と寮費＆食費	約40,000ドル　　約13,000ドル
願書締切日	1月1日
図書館の蔵書数	約1,400万冊
TOEFL®テストの要求点数	N／A
SAT®テストの得点平均域	CR：690-800　M：700-790　W：710-800
合格率	7％

著名な卒業生：ジョン・アダムス（第2代大統領）、ジョン・Q.アダムス（第6代大統領）、エドウィン・ライシャワー（元駐日大使）、ジャック・レモン（俳優）、ロバート・オッペンハイマー（物理学者）、ヘンリー・キッシンジャー（元国務長官）、コール・ポーター（作曲家）、ジョン・アップダイク（作家）、トミー・リー・ジョーンズ（俳優）、マット・デイモン（俳優、脚本家）、セオドア・ルーズベルト（第26代大統領）、フランクリン・ルーズベルト（第32代大統領）、ジョン・F.ケネディ（第35代大統領）、レナード・バーンスタイン（作曲家）、ヨーヨー・マ（チェロ奏者）、都留重人（理論経済学者）、鶴見俊輔（哲学者）

Profile

恐らく世界一知名度が高いこの大学は、アメリカで最初にできた大学でもある。素晴らしい研究施設、世界的に著名な研究者でもある教授陣、そして好奇心旺盛で勉強熱心な学生たち。何をとっても「卓越」という表現があてはまる。キャンパス内にある97もの図書館は、大学として世界一の蔵書数を誇る。「卒業式の日には雨が降ったことがない」という伝説そのままに、卒業生たちは実に晴れ晴れと、世界のエリートとしての道を歩んでいく。

Academic Life

提供されている科目は3,000以上。芸術・人文・社会・自然科学すべての分野で全米トップレベルの教育を提供する。学期の最初にある"Course Shopping"というシステムでは、興味ある科目をつまみ食いできる。教授陣の評判は学者としては世界レベルだが、先生としてもどこか雲の上の人の感があり、大学レベルのクラスをTA（大学院生の助手）が教えすぎるとの不満もちらほら。しかし世界中から集まるエリート学生同士のアカデミックな交流はとても刺激的で、ディスカッションやセミナー、リサーチなど、最高の学びの環境でエキサイティングな勉学に力を奮うことができるだろう。

Social Life

学生のほとんどは寮に住み、寮生活をとおして、クラスメイトとは同じ課題を与えられる勉強仲間として、また専攻が同じ学生とは同じ興味・関心をもつ生涯のよき友・ライバルとして、学生間の交流を深める。大学の位置する町Cambridgeはボストンのダウンタウンから地下鉄でわずか5分のところにあるアカデミックな雰囲気の漂う学園町で、落ち着いた環境の中、カフェや映画館など、勉強の息抜きに事欠かない。課外活動の種類や数は多岐にわたり、また学生たちも積極的に参加し、スポーツも盛んで、チームによってはNCAA Division Ⅰでプレイされている。

Admissions

成績優秀であるのはもちろんのことだが、多様性がとても大切にされるため、特異な才能やユニークなバックグラウンドをもつことがプラスに作用する。お坊ちゃん・お嬢さん大学のイメージをもたれがちだが、入学生の7割近くが公立高校出身。だれにも譲れないピカリと光るものをもつことがオールAの成績に加えて求められるが、このレベルになると「運」の力も大きい。

Princeton University

Undergraduate Admission Office, Princeton University, 110 West College, P.O. Box 430, Princeton, NJ 08542-0430
TEL 609-258-3060 FAX 609-258-6743
E-mail : uaoffice@princeton.edu
HP : http://www.princeton.edu/

創立年	1746年
授与学位	B、M、D
種類	私立総合大学
キャンパス面積	600エーカー
近隣都市までの所要時間	ニューヨークまで車で約1時間半
大学生数と男／女比	約5,200人　　51／49％
人種別比	N.A.:0%　中南米系:7%　A.A.:8%　アジア系:16%
在学生の各種割合	州外からの学生の割合：74％　留学生の割合：10％
学費と寮費＆食費	約37,500ドル　　約12,500ドル
願書締切日	1月1日
図書館の蔵書数	約700万冊
TOEFL®テストの要求点数	N／A
SAT®テストの得点平均域	CR：690-790　　M：710-790　　W：700-790
合格率	9％

著名な卒業生：ウッドロウ・ウィルソン（第28代大統領）、ビル・ブラッドレー（元NBA選手、元上院議員）、ノア女王（元ヨルダン女王）、ジェームス・ベイカー（政治家）、メル・ファーラー（俳優）、ジェームズ・スチュアート（俳優）、ブルック・シールズ（女優）、リチャード・ハインマン（物理学者）、スコット・フィッツジェラルド（作家）、エドモンド・ウィルソン（文芸批評家）、折田彦一（元三高校長）、デビッド・ドゥチャブニー（俳優）、田丸美寿々（キャスター）、鶴見和子(社会学者）、小笠原敏晶（実業家）、佐々木力（科学史家）

Profile

　*US News*誌2011年度版のUniversityランキングで見事No.2に輝いたこのアイビーリーグの1校は、総合大学ではあるもののあくまでも大学教育に主眼を置いていることで特筆される。「必要であれば入学生全員に奨学金を与える」ことを公言し、優秀な人材の獲得にとても熱心だ。世界的に著名な教授たちは、学生たちと、ときには1対1に接することにさえ前向きで、学生の満足度も全米随一。アイビーリーグで初の女性学長を迎えるなど、伝統と革新の両立も魅力だ。

Academic Life

　アイビーリーグの中では、大学院生よりも大学生への教育に力を入れているのが最大の特徴。大学1、2年次から、できるだけ少人数でクラス編成され、ディスカッションの機会が豊富に与えられる。一般教養課程は伝統的にオーソドックスで、文章を通した表現力を養うことに力を入れる。一方で"The Field Study Program"では、キャンパス外で1学期間就労することで単位を取得できるなどの柔軟性もある。期末には10月間の"reading period"が設けられ、この間はクラスがなく、論文作成とテスト勉強にあてられる。人気の専攻分野は経済学、政治学、歴史学、工学、国際関係学、歴史学ほか多数の分野で、全米トップレベルのプログラムをもつ。学生たちの自発的な学習態度が望まれ、ほとんどの専攻分野で卒業時に平均100枚の卒論提出が求められる。

Social Life

　NYやフィラデルフィアにも遠くないが、たいていの娯楽をキャンパス内で済ませてしまうのがPrincetonの学生たち。2年次以降にほとんどの学生が所属する、10の"Eating club"とよばれるクラブでは、クラブごとに寮をもち、仲間意識をもたせる。ミュージカルサークル"Triangle Club"では学生たちが自作自演のミュージカルを催し、ツアーにも出かけ、著名な俳優を輩出している。スポーツも盛んで、とくにラクロスが強い。

Admissions

　高校の成績、推薦状、SAT®/TOEFL®スコア、エッセーなどを重視し、突出した才能も見るが、寮制を基本としていることから、課外活動、とくにボランティアなどのコミュニティ活動における活躍や協調性にも注目する。アートワークのポートフォリオ（写真やスライドなど）の提出も奨励される。

University of Pennsylvania

The Office of Undergraduate Admissions, University of Pennsylvania, 1 College Hall, Room 1, Philadelphia, PA 19104-6376
☎ 215-898-7507　FAX 215-898-9670
E-mail：info@admissions.ugao.upenn.edu
HP：http://www.upenn.edu/

創立年	1740 年
授与学位	A、B、M、D、F
種類	私立総合大学
キャンパス面積	269 エーカー
近隣都市までの所要時間	フィラデルフィア市内に所在
大学生数と男／女比	約 12,000 人　　48／52％
人種別比	N.A.:0％　中南米系:6％　A.A.:7％　アジア系:16％
在学生の各種割合	州外からの学生の割合：71％　留学生の割合：10％
学費と寮費＆食費	約 42,500 ドル　　約 12,000 ドル
願書締切日	1 月 1 日
図書館の蔵書数	約 540 万冊
TOEFL®テストの要求点数	100
SAT®テストの得点平均域	CR：660-750　M：690-780　W：680-770
合格率	14％

著名な卒業生：ルイス・カーン（建築家）、レナード・ローダー（起業家）、エズラ・パウンド（詩人）、ドナルド・トランプ（実業家）、マーチン・ルーサー・キング(公民権運動活動家)、キャンディス・バーゲン（女優）、ジェラルド・エーデルマン（生化学者）、野口英世（細菌学者）、小林陽太郎（実業家、元富士ゼロックス社長）、寺沢芳男(元経済企画庁長官)、松下正幸（パナソニック）

Profile

ベンジャミン・フランクリンが創設したアイビーリーグの新参校は、"U-penn（ユーペン）"または単に"Penn"と愛称される。全米初のビジネススクールである"Wharton School of Business"はよく知られ、大学・大学院レベルともに世界的に定評のあるビジネスプログラムをもつ。やはり全米初のメディカルスクールは、野口英世が学んだことでも有名。大規模だが最近では教授も教育熱心で、学生からのアクセスも改善されている。白川博士はこの大学の教授に招かれ成果が認められノーベル化学賞を受賞した。

Academic Life

大学レベルで四つのCollegeとSchool（College of Arts & Sciences、Wharton School of Business、The School of Nursing、School of Engineering and Applied Sciences）があり、一般教養はCollege of Arts & Sciencesで学ぶが、専攻分野は分野ごとに別々のSchoolまたはCollegeで学ぶため、「Pennは四つの大学から成る」と言われる。ビジネスの分野で言うまでもなく全米でトップのプログラムをもつほか、心理学、看護学、コミュニケーション、地域研究など多くの分野ですぐれたプログラムをもつ。人気の専攻は看護学、心理学、歴史学など。規模が大きいために自発的にテキパキ動き自分から求める姿勢がないと、埋もれてしまうだろう。またコンピュータの生みの親であるノイマンの母校でもあり、コンピュータ技術を学ぶために日本人が多く在学してきたが、今ではアメリカ式経営の学びの場として、むしろMBAに出願が集まる。

Social Life

多種多様な学生が集まる刺激的なキャンパスでは、さまざまな行事やサークル活動が催され、参加できる種類、数ともにふんだんにある。また全米第5位の大都市であるフィラデルフィアは、文化・スポーツイベントのほか、数多くの娯楽に触れる機会を提供する。全米有数のショッピングモール"Franklin Mills"も学生に人気のスポットだ。

Admissions

高校の成績が最重視されるほか、SAT®/TOEFL®スコア、ユニークな才能などが加味される。州民が優遇されるが、生徒の多様化に力を入れていて、さまざまなバックグラウンドをもつ出願者を受け入れ、留学生の入学者も増える傾向にある。学業面以外の活躍は不可欠だ。

Yale University

Office of Undergraduate Admissions, Yale University, P.O. Box 208234, New Haven, CT 06520-8234
TEL 203-432-9300   FAX 203-432-9392
E-mail：student.questions@yale.edu
HP：http://www.yale.edu/

創立年	1701年
授与学位	B、M、D、F
種類	私立総合大学
キャンパス面積	200エーカー
近隣都市までの所要時間	ニューヨークまで車で約1時間半
大学生数と男／女比	約5,300人　　50／50％
人種別比	N.A.:1％　中南米系:8％　A.A.:8％　アジア系:14％
在学生の各種割合	州外からの学生の割合：83％　留学生の割合：9％
学費と寮費＆食費	約41,000ドル　　約12,500ドル
願書締切日	12月31日
図書館の蔵書数	約1,100万冊
TOEFL®テストの要求点数	100
SAT®テストの得点平均域	CR：700-800　M：700-780　W：700-790
合格率	8％

著名な卒業生：ウィリアム・クリントン（第42代大統領）、ヒラリー・クリントン（国務長官）、ポール・ニューマン（俳優）、メリル・ストリープ（女優）、マヤ・リン（建築家）、デビッド・マッカロー（歴史家）、ジョディ・フォスター（女優）、ジェニファー・ビールズ（女優）、トーマス・ウルフ（作家）ジョージ・ブッシュ（第41代大統領）、ジョージ・W.ブッシュ（第43代大統領）、トム・ウルフ（ジャーナリスト）、シガニー・ウィーバー（女優）、エドワード・ノートン（俳優）、猪口邦子（政治家、政治学者）、山川健次郎（旧東京帝国大学総長、日本人初の博士号取得者）

Profile

キャンパスに着いたとたん、親近感と所属意識を抱かせる、フレンドリーで活気あふれる大学。学生の満足度が高く、独特の連帯感をもつのが特徴。研究機関として世界的に有名だが、教育の重点は大学院よりも大学に置く。校風はアイビーリーグの中でもとりわけ保守的で、「お坊ちゃん、お嬢ちゃん大学」「白人至上主義」といった排他的・閉鎖的なイメージが未だに拭いきれないが、それだけ仲間意識が強く、学生たちの愛校心もとりわけ強い。いわゆる日本でいう「官僚」が育つのもこの大学の特徴で、ブッシュ、クリントン両元大統領の母校でもある。

Academic Life

学期が始まって2週間は正式に科目を登録せずに、クラスを「つまみ食い」できるシステムをとっている。あまりに多くのクラスをTAが教えるとの不満も聞かれるが、やる気のある学生には教授たちも熱心に応える。大学生には、将来の専門的研究の素地となる、幅広い全人教育を提供し、マーケティングなどの実学的専攻分野を設けていない。伝統的な学問分野に強く、とくにEnglish、外国語、アメリカ学、歴史学、政治学は全米でトップを誇る。人気の専攻分野は歴史学、経済学、政治学。全世界で7番目に大きな図書館システムは、学生たちの知的好奇心を満たしている。

Social Life

"Residential college"、つまり全寮制大学であることを第一の特徴として掲げ、学生層、価値観がやや画一的ながらも、学生同士の仲間意識が強い。学生サークルはとくにボランティアが盛んで半数以上の学生が参加する。なお「フリスビー」の名で親しまれるフライングディスクは、1940年代にこの大学の学生たちがキャンパス近くの「フリスビー・ベーカリー」のパイ皿を投げ合ったのが始まりとされていて、いまでも盛んだ。

Admissions

学業優秀であることが最低条件だが、出願者がどれだけYaleに対して貢献できるか、Yaleがどれだけ出願者のニーズに応えられるか、そのバランスとマッチングを多角的に見る。課外のボランティア、アルバイト、スポーツなどにおける活躍やリーダーシップも考慮の範疇にあり、留学生であるということもプラスの要素になりうる。卒業生・在学生の血縁者は優遇される。

California Institute of Technology

Office of Undergraduate Admissions, California Institute of Technology, 1200 E. California Blvd., Mail Code 10-90, Pasadena, CA 91125
☎ 626-395-6341　📠 626-683-3026
E-mail：ugadmissions@caltech.edu
HP：http://www.caltech.edu/

創立年	1891 年
授与学位	B、M、D、F
種類	私立総合大学
キャンパス面積	124 エーカー
近隣都市までの所要時間	ロサンゼルスまで車で約 15 分
大学生数と男／女比	約 970 人　62／38％
人種別比	N.A.:0％　中南米系:7％　A.A.:1％　アジア系:40％
在学生の各種割合	州外からの学生の割合：61％　留学生の割合：12％
学費と寮費＆食費	約 38,000 ドル　約 12,000 ドル
願書締切日	1 月 3 日
図書館の蔵書数	約 320 万冊
TOEFL®テストの要求点数	N／A
SAT®テストの得点平均域	CR：700-780　M：770-800　W：710-780
合格率	13％

著名な卒業生：ライナス・ポーリング（化学者、2 度のノーベル賞受賞者）、フランク・キャプラ（映画監督）、アーノルド・ベックマン（化学者）、モシュ・アレンズ（技術者）、ゴードン・ムーア（インテル社創設者）、デビッド・ホー（生物学者）

Profile

"CalTech（カルテック）"と略称される工科大学は、もはや「西のMIT」ではなく、小規模ながら全世界に名をとどろかす研究大学として注目されている。6億ドルという寄付金を卒業生であるIntel社の創設者ムーア氏から受け、ますますエキサイティングな研究が行われているだろう。かつてはアインシュタインやファインマン、ポーリングといった世界的な科学者たちが教鞭をとり、今でも科学・工学に関する世界的な賞は、ここの教授らが軒並みさらっていく。これまでに31名ものノーベル賞受賞者を生み出していることは、この規模に照らしまさに驚きに値しよう。

Academic Life

工科大学らしく、まず1年生のうちに数学・物理・化学・生物の基礎を徹底的にたたきこまれる。教授陣の世界の先端をいく研究がとても魅力的で、莫大な額にのぼる資金により、次から次へと新しい設備が導入され、世界の先駆をなす研究が始められる。工科系全般のほか、生物学、物理学、天文学、地学でも、その教育は、全米トップレベルである。規模が大きくないことで、教授と学生とのコミュニケーションが頻繁で、その教授がたとえノーベル賞受賞者でも、学生とランチを共にするのは珍しくない。一方で、たとえ第一線の研究者である教授といえども、とくに一般教養レベルにおいては、先生としてはあまり教育熱心ではないという声も聞かれる。勉強量はハンパではなく、自発的な研究意欲、旺盛な知識欲が要求される。

Social Life

とにかく勉強がたいへん（「1日8時間」の学生もいるとか）で、生活はあくまでも勉強中心。またそれが大好きという学生が集まるため、娯楽までも「遊び心あふれる実験」とか「工作」とかがポピュラー。科学者の卵たちは、科学やテクノロジーのことで頭がいっぱいで、ある意味「奇人」ぞろい。

Admissions

志願者のほとんどが成績優秀、そしてSAT®スコアも高いため、「できて当り前」である。成績がオール5に近くなければ、よほどのことがなければ見向きもされない。そのため、意外と思われがちだが、推薦状、エッセー、ユニークな才能などのアピールポイントがかなりの比重を占めることとなる。

Carnegie Mellon University

Office of Undergraduate Admission, Carnegie Mellon University, Warner Hall, 5000 Forbes Avenue, Pittsburgh, PA 15213-3890
☎ 412-268-2082   FAX 412-268-7838
E-mail：undergraduate-admissions@andrew.cmu.edu
HP：http://www.cmu.edu/

創立年	1900 年
授与学位	B、M、D
種類	私立総合大学
キャンパス面積	103 エーカー
近隣都市までの所要時間	ピッツバーグ市内に所在
大学生数と男／女比	約 5,800 人　　59／41％
人種別比	N.A.:1％　中南米系:6％　A.A.:5％　アジア系:25％
在学生の各種割合	州外からの学生の割合：68％　留学生の割合：12％
学費と寮費＆食費	約 44,000 ドル　　約 12,500 ドル
願書締切日	1 月 1 日
図書館の蔵書数	約 100 万冊
TOEFL®テストの要求点数	102
SAT®テストの得点平均域	CR：620-720　M：680-780　W：630-730
合格率	33％

著名な卒業生：ジャック・クラグマン（俳優）、アンディ・ウォーホール（アーティスト）、レイモンド・スミス（ベライゾンコミュニケーションズ社 CEO）、ポール・アライア（元ゼロックス社 CEO）、テッド・ダンソン（俳優）、ホリー・ハンター（女優）、ロブ・マーシャル（振付師）、キース・ロックハート（指揮者）、伊丹敬之（経済学者）、片岡善治（システム工学者）、松田武彦（組織工学者）

Profile
　鉄鋼王A.カーネギーと金融王メロンにより設立されたこの大学は、その素晴らしいコンピュータ施設とともに、おもに工科系の分野で世界的に有名だが、じつは全米初の演劇のプログラムを設けた大学でもあり、アートの分野にも強い。たとえば工科系の教授のオフィスを、建築学の実践教育の一環でつくるなど、工学とアートの融合が、多様性と変化を生み出している。世界的に有名なロボティクス研究所は、NASAや国防総省の依頼をも請け負う。

Academic Life
　イノベーションが大学のDNAの一部になっているほど技術革新に積極的。アート、工学、建築学、コンピュータ、行動科学の分野で全米トップレベルのプログラムをもち、とくに情報システムの分野では世界的パイオニアとしての名を堅固にした。大学院のみならず大学レベルの学生にも研究が奨励され、学生が個人で行う研究プロジェクトにも助成金を出している。教授には自身の研究にあまりに打ち込みすぎて、学生たちへの教育にあまり熱心でないとの評判もあるが、求めれば応えてくれるというのが実際のようだ。ノーベル賞受賞者も18名輩出している。専攻にかかわらず勉強のたいへんさは尋常ではなく、それを喜ぶ勉強熱心な学生ばかりが集まり、ライバル心というよりも、助け合いの精神が息づいている。

Social Life
　コンピュータ、そして演劇の分野に定評があり、またそれらがポピュラーであるため、工科大学のようにある一つのカラーで統一されている感はなく、嗜好がバラバラな学生たちでさまざまな課外活動が行われている。キャンパス内での1ドルの映画上映は人気だ。100以上にのぼる学生サークルでも、とくに演劇サークルは伝統もあり、年に2度、長編を上演する。大都市ピッツバーグは、NFL、NHL、MLBそれぞれのチームを有し文化的イベントも盛ん。

Admissions
　高校の成績とSAT®/TOEFL®スコアが最重視され、そのほか推薦状、課外活動、在学・卒業生との血縁などが見られる。しかし成績やスコアをクリアして初めて、課外活動への積極性、ボランティア、アルバイトの経験などが加味されるのが実際のようだ。専攻により評価の対象に若干の違いがある。

Duke University

Office of Undergraduate Admissions, Duke University, 2138 Campus Drive, Box 90586, Durham, NC 27708
TEL 919-684-3214　　FAX 919-681-8941
E-mail：undergrad-admissions@duke.edu
HP：http://www.duke.edu/

創立年	1838 年
授与学位	B、M、D、F
種類	私立総合大学
キャンパス面積	8,500 エーカー
近隣都市までの所要時間	シャーロットまで車で約 2 時間半
大学生数と男／女比	約 6,600 人　　51 ／ 49％
人種別比	N.A.:0％　中南米系:6％　A.A.:10％　アジア系:21％
在学生の各種割合	州外からの学生の割合：76％　留学生の割合：7％
学費と寮費＆食費	約 42,000 ドル　　約 12,000 ドル
願書締切日	1 月 2 日
図書館の蔵書数	約 550 万冊
TOEFL®テストの要求点数	100
SAT®テストの得点平均域	CR：660-750　M：680-780　W：660-760
合格率	19％

著名な卒業生：エリザベス・H.ドール（元赤十字代表）、グラント・ヒル（NBA 選手）、ウィリアム・C.スタイロン（作家）、ジュディ・ウッドルフ（元 CNN アンカー、ジャーナリスト）、リチャード・ニクソン（第 37 代大統領）、レイノルズ・プライス（作家）、ジョージ・グルーン（元リーダーズ・ダイジェスト CEO）、長窪専三（哲学者）

Profile

　ゴシック様式の教会がそびえる West Campus と、グレゴリアン様式の建築美が落ち着きをかもす East Campus、これら二つのキャンパスからなる広大な敷地は常に活気あふれ、新奇なものに対するチャレンジ精神がみなぎっている。その荘厳ともいうべき建物と豊かな緑は、自ずとアカデミックな雰囲気をたたえ、知的交流の場としてふさわしい。世界一の研究所用地面積と博士号所有者数の割合を誇る研究学園区域「リサーチ・トライアングル・パーク」の一角をなし、卒業生の多くがこの三角地帯で活躍する。

Academic Life

　大学院でのプロフェッショナル中心の総合大学で、大学レベルは、一般教養学部である Trinity College of Arts & Sciences と、工学部である Pratt School of Engineering から構成される。１年次の"FOCUS"というプログラムでは、あるトピックを学際的に学ぶ。１、２年次の授業は大教室での講義、TA の指導によるディスカッション、というのが典型だが、その割には教授たちの評判はよく、学生へのサポートは手厚い。最近では、文壇、政界、マスコミからの人材を教授に招くなどして、学業経験の多様化・実用化に努めている。バイオ工学、宗教学、植物学の分野は全米トップレベルを誇る。政治学、歴史学、経済学、工学が人気の専攻分野だが、実学的な分野に人気が集まる。

Social Life

　何といってもバスケットボールチームが全米的に有名で、在学生のプライドは熱狂的な応援に表れ、試合自体がキャンパスが「一つ」になる機会を与える。また９割近い学生が寮に住むことにより、仲間意識がさらに高まる。フラタニティ、ソロリティ（学生の同好会）による飲み会が週末の活動としてはポピュラーで、それ以外には自分で楽しみを生み出す工夫が必要だが、350 に及ぶ多種多様な学生サークルは常に何かしらの活動を行っている。校風は、学生はお坊ちゃん、お嬢さんが多いため、どちらかというと保守的かつ画一的だ。

Admissions

　高校の授業内容及びレベル、成績、推薦状、課外活動、SAT®/TOEFL®スコア、そしてエッセー、これら六つの観点から出願者が審査され、すべてにおいて卓越した人材が求められる。保守的で画一的な学生層という汚名返上のため、さまざまなバックグラウンド、人種の受入れに前向きだ。

Georgetown University

Office of Undergraduate Admissions, Georgetown University, Room 103 White Gravenor Hall, 37th and O Streets, NW, Washington, D.C. 20057-1002
TEL 202-687-3600　FAX 202-687-5084
E-mail：guadmiss@georgetown.edu
HP：http://www.georgetown.edu/

創立年	1789 年
授与学位	B、M、D、F
種類	私立総合大学
キャンパス面積	110 エーカー
近隣都市までの所要時間	ワシントン D.C. 市内に所在
大学生数と男／女比	約 7,500 人　　45 ／ 55％
人種別比	N.A.:0％　中南米系 :6％　A.A.:6％　アジア系 :9％
在学生の各種割合	州外からの学生の割合：90％　留学生の割合：9％
学費と寮費＆食費	約 41,500 ドル　　約 14,000 ドル
願書締切日	1 月 10 日
図書館の蔵書数	約 240 万冊
TOEFL®テストの要求点数	N ／ A
SAT®テストの得点平均域	CR：650-750　M：650-750　W：N ／ A
合格率	20％

著名な卒業生：パトリック・ユーイング（バスケットボール選手）、ウィリアム・クリントン（第 42 代大統領）、パトリック・ブチャナン（ジャーナリスト）、マリア・シュライヴァー(ジャーナリスト)、河野太郎（衆議院議員）、緒方貞子（元国連難民高等弁務官）、山本一太（参議院議員）

Profile

　全米初のカトリック系高等教育機関としての歴史をもつこの大学は、ダイナミックな政治と文化の舞台である首都ワシントン D.C. に位置する。キャンパス外の膨大なリソースには、D.C. にある 250 以上の図書館、世界最大の博物館であるスミソニアンが含まれ、キャンパス内では多様なバックグラウンドをもつクラスメイトたちとの交流が常に刺激的だ。なつかしの名作青春映画「セントエルモスファイヤー」の舞台になり日本でも知名度が高い。

Academic Life

　政治の中心に位置するところから、政治学、国際関係学の分野に強く、また看護学も有名。教授は概して教育熱心で、とくに専攻課程において教授と学生のコミュニケーションは教室の外でも頻繁に行われる。宗教学を含めた一般教養分野にも力を入れるが、基礎的な科目の授業は大人数で、TA が教えるとの不満の声も聞かれる。一方で学校側は学生の声をカリキュラムに反映させる努力を怠らない。場所柄、政界の名士がゲスト講師として多く招かれる。またインターンシップの種類や機会が豊富にあるのも土地柄ゆえ。学生は専攻にかかわらず勉強熱心。

Social Life

　首都ワシントン D.C. に位置することこそが、この大学の最大のメリットとも言われるほど、学生たちはその利を存分に生かすべく、美術館を訪れたり、観劇したり、コンサートに出かけたり、スポーツ観戦をしたり、議会を見物したり、多種多様な機会を存分に楽しむ。しかも世界最大のスミソニアン博物館は無料。ただしそれ以外は、買い物や食事等にお金がかかるのが難。積極的な課外活動への参加がみられ、とくにボランティアが盛ん。学生サークルは、これも土地柄か、政治サークルの活動が目立つ。スポーツではバスケットボールが強く、NBA 選手を輩出している。

Admissions

　高校の成績、推薦状、SAT®/TOEFL®スコア、エッセーなどを重視し、また国際センスを審査対象に加えることもある。他の大学に比べ多様性を大切にするため、特異な経験、ユニークな才能などがアピールポイントになる。四つの学部（Georgetown College、 Walsh School of Foreign Service、McDonough School of Business、School of Nursing&Health Studies）のうちいずれかを選んで出願する。

Johns Hopkins University

Office of Undergraduate Admissions, Johns Hopkins University, Mason Hall, 3400 N.Charles Street, Baltimore, MD 21218
℡ 410-516-8171　FAX 410-516-6025
E-mail：apphelp@jhu.edu
HP：http://www.jhu.edu/

創立年	1876年
授与学位	B、M、D、F
種類	私立総合大学
キャンパス面積	140エーカー
近隣都市までの所要時間	ワシントンD.C.まで車で約30分
大学生数と男／女比	約5,900人　51／49％
人種別比	N.A.:0％　中南米系:7％　A.A.:7％　アジア系:21％
在学生の各種割合	州外からの学生の割合：78％　留学生の割合：8％
学費と寮費＆食費	約43,000ドル　約13,500ドル
願書締切日	1月1日
図書館の蔵書数	約350万冊
TOEFL®テストの要求点数	100
SAT®テストの得点平均域	CR：630-730　M：660-770　W：640-740
合格率	22％

著名な卒業生：モリス・タネンバウム（元AT&T社CEO）、ジョン・アスティン（俳優、映画監督）、ドナルド・ヘンダーソン（科学者）、マデリン・オルブライト（元国務長官）、アラン・ハストン（元ペプシコ社長）、アンドレ・ワッツ（ピアニスト）、ジョディ・ウィリアムス（ノーベル平和賞受賞者）、新渡戸稲造（明治から昭和初期にかけての教育家）、八田達夫（経済学者）、橘木俊詔（労働経済学者）、佐藤隆三（理論経済学者）

Profile

　ドイツの大学をモデルとし、世界で初めて大学院教育で博士号：(Doctor of Philosophy) を授与し、大学院中心の研究機関として生まれたこの大学は、ハーバードやイェールなどが総合大学に発展したきっかけになった。今までに34人の卒業生や教授、講師がノーベル賞を受賞しているのも、研究機関としての強さの表れと言えよう。公衆衛生分野を、やはり大学院課程として設けた全米最初の大学で、これに対しビル・ゲイツ夫妻が2,000万ドルの寄付をしたことは話題になった。栄養学も同様にすぐれていて、国際栄養学術大賞を受賞した実績もある。

Academic Life

　相当の勉強量が求められ、ちょっとでも怠けるとついていくのがたいへん。何よりも「やる気」がないとやっていけない。1年次の1学期目は学業面でのプレッシャーを軽減するために、Pass/Failで成績がつけられる。一般教養の必修が限定的でなく、ある程度の自由な選択が認められる。そのためダブルメジャーをとる学生も多い。専攻にかかわらず学生一人ひとりの自発的なリサーチがとても重要とされ、毎年40人の学生に2,500ドルのリサーチ資金などを与え奨励している。インターンシップも盛ん。バイオ工学、生物物理学、地学などの理系、国際関係や行動科学などの社会科学系にも定評がある。

Social Life

　200以上の学生サークルは、学生のバラエティに富んだ興味に応えてくれ、活気あふれる学生たちが新たなサークルを発足するのもポピュラーだ。またスポーツが盛んで、7割以上の学生が何らかのスポーツに参加する。中でも男子ラクロスは世界的にも有名で、対校試合には1万人の観客を集めるほど。学生たちから成るオーケストラがまたすばらしく、厳しいオーディションをパスした奏者たちの演奏は、ハードな学業生活に潤いを与えてくれるだろう。

Admissions

　高校の成績、SAT®/TOEFL®スコアを最重視するが、そもそもそれらの基準をクリアした志願者ばかりが集まるので、それ以外、つまり課外活動、エッセー、推薦状などでいかに卓越した人材であるかをアピールする必要がある。多様性が重視されるため、留学生も積極的に受け入れる。

Massachusetts Institute of Technology

Admissions Office, Massachusetts Institute of Technology, 77 Mass Ave, 3-108, Cambridge, MA 02139
TEL 617-253-3400　FAX N／A
E-mail：admissions@mit.edu
HP：http://web.mit.edu/

創立年	1861年
授与学位	B、M、D
種類	私立総合大学
キャンパス面積	154エーカー
近隣都市までの所要時間	ボストンまで電車で約5分
大学生数と男／女比	約4,300人　　55／45％
人種別比	N.A.:1％　中南米系:13％　A.A.:8％　アジア系:25％
在学生の各種割合	州外からの学生の割合：81％　留学生の割合：9％
学費と寮費＆食費	約41,000ドル　　約12,000ドル
願書締切日	1月1日
図書館の蔵書数	約270万冊
TOEFL®テストの要求点数	100
SAT®テストの得点平均域	CR：670-760　M：740-800　W：670-770
合格率	10％

著名な卒業生：コフィ・アナン（元国連事務総長、ノーベル平和賞受賞者）、リチャード・フェインマン（ノーベル物理学賞受賞者）、ベンジャミン・ネタニヤフ（元イスラエル首相）、利根川進（ノーベル医学生理学賞受賞者）、I.M.ペイ（建築家）、大前研一（経営コンサルタント）、猪口孝（国際政治・経済学者）、安井義博（ブラザー工業元会長）

Profile

　MITのかつての工学部長、マグナンティ氏が「MITはマサチューセッツ工科大学（Massachusetts Institute of Technology）ではなく、『最も革新的な技術者たち』（Most Innovative Techies）の略である」と述べたごとく、世界中の技術者の粋が集まるのがMITだ。キャンパスはさながら巨大工場のよう。毎回の授業で新しい発見や驚きが得られる学びの環境は、選りすぐりの頭脳をもつ学生たちの高い満足感、充実感を約束する。卒業生は、単なる一技術者として終わらず、分析力、判断力を兼ね備えたリーダーとして各界で活躍する。卒業生の一人、アナン元国連事務総長がノーベル平和賞を受賞したのも一例。

Academic Life

　Architecture（建築）、Engineering（工学）、Humanities, Arts and Sciences（人文、芸術、社会科学）、Management（経営学）、Science（科学）の五つの学部から成り、それぞれの学部がいくつかの専攻課程を設けているが、入学時に専攻を決める必要はなく、1年次の終わりまでに決めればよい。Drop & Add（科目登録した後、科目を足したりキャンセルしたりできる期間）も4週間あり（普通の大学では2週間）、学業面でのプレッシャー軽減が取りはからわれている。しかし学生の勉強量はハンパではなく、ノーベル賞受賞者を含む教授陣の親身で厳しい指導のもと、昼夜勉強第一の生活を送る。工学、建築、物理学、コンピュータなど多くの理系分野で全米トップを誇る。近くすべての授業の講義をインターネットで公開することを表明している。

Social Life

　有名なMITの"Hacking"は、コンピュータのハッキングのことではなく、伝統ある奇想天外ないたずらのこと。毎年、趣向を凝らしたいたずらがキャンパスにお目みえする。実物大のパトロールカーの模型をドーム型建物の屋上に載せ、ヘリコプターまでが出動する騒ぎになったこともある。1年次から住む寮を自分でチョイスできるシステムをもっていて、意外にも家族的な雰囲気が保たれている。これまた意外かもしれないがスポーツがとても盛ん。

Admissions

　高校での成績が最重視されるが、オールAでも不合格になるのは珍しくない。SAT®テストでも満点ぞろいが出願するので、つまりそれ以外でもキラリと光る才能や個性が求められる。

New York University

Office of Undergraduate Admissions, New York University, 665 Broadway, 11th Floor, New York, NY 10012
TEL 212-998-4500　FAX 212-995-4902
E-mail：N／A
HP：http://www.nyu.edu/

創立年	1831年
授与学位	A、B、D、M、F
種類	私立総合大学
キャンパス面積	28エーカー
近隣都市までの所要時間	ニューヨーク市内に所在
大学生数と男／女比	約21,700人　　39／61％
人種別比	N.A.:0％　中南米系:8％　A.A.:4％　アジア系:20％
在学生の各種割合	州外からの学生の割合：63％　留学生の割合：7％
学費と寮費＆食費	約42,000ドル　　約15,500ドル
願書締切日	1月1日
図書館の蔵書数	約520万冊
TOEFL®テストの要求点数	100
SAT®テストの得点平均域	CR：610-710　M：630-740　W：620-720
合格率	38％

著名な卒業生：マーティン・スコセッシ（映画監督）、アレック・ボールドウィン（俳優）、スパイク・リー（俳優、映画監督）、ジム・ジャームッシュ（映画監督）、ジュディ・ブルーム（作家）、ルドルフ・ジュリアーニ（前ニューヨーク市長）、エリック・R.カンデル（ノーベル医学生理学賞受賞者）、アラン・グリーンスパン（元連邦準備制度理事会理事長）、豊田鉄郎（豊田自動織機）、長野智子（キャスター）、下村満子（ジャーナリスト）

Profile

東部有数の大規模私立大学。その名のとおりニューヨークのマンハッタンに位置し、その立地がこの大学の最大の魅力となっている。若いアーティストたちがたむろするグリニッジビレッジにあり、大学をあげて芸術への理解と支援をするのもNYUらしい。大規模大学にありがちな官僚的なイメージをもたれがちだが、2001年の同時多発テロ時には、現場から遠くない寮に住む学生のためにホテルを借り切り、彼ら一人ひとりに200ドルのカンパをするなどの迅速ですばらしい対応をみせた。

Academic Life

世界有数の国際都市での学業生活は、専攻にかかわらず実践的でプロの世界を身近に感じることができる。インターンシップ先は限りなく豊富にあり、全米随一の芸術課程で学ぶ学生はMOMAやメトロポリタン美術館、ブロードウェイでの鑑賞を日常的に行い、世界的に有名なこの大学のビジネススクールで学ぶ学生はウォール街での実地研修ができ、政治学専攻あるいはロースクールに学ぶ学生は、世界の政治・法曹を司る国連本部に出かける機会を得る。芸術全般、ビジネス、看護学などの分野で全米トップレベルを誇る。"Gallatin"という学部では、学生たちが独自の専攻を設け、学際的に学ぶ。一般教養レベルのクラスは大人数になりがちだが、専攻課程においては1クラスが小さく教授とのコミュニケーションもとりやすい。教授たちは、総合大学にしてはオープンでフレンドリーだ。

Social Life

いい意味で「自分勝手」であるのがNYUの学生たち。他人のことは基本的に知らんぷりで、キャンパスがないという立地的な理由もあって、コミュニティ意識は薄い。しかし学生たちのニューヨークという街への思い入れは強く、「とても好き」か「とても嫌い」かの二つに分かれる。ありとあらゆるエンターテインメント、文化イベント、スポーツイベントへの参加の機会の豊富さは、全米随一だ。

Admissions

国際都市マンハッタンの縮図ともいうべきNYUの学生の多様性は、全米でも有数。高校での成績が最重視されるが、同時にTOEFL®スコアの合否判定に占める割合も大きい。「数字」重視の傾向がみられる。

Northwestern University

Office of Undergraduate Admission, Northwestern University, 1801 Hinman Avenue, Evanston, IL 60208
TEL 847-491-7271　FAX 847-467-2331
E-mail：ug-admission@northwestern.edu
HP：http://www.northwestern.edu/

創立年	1851年
授与学位	B、M、D、F
種類	私立総合大学
キャンパス面積	250エーカー
近隣都市までの所要時間	シカゴまで車で約10分
大学生数と男／女比	約9,600人　　47／53％
人種別比	N.A.:0％　中南米系:6％　A.A.:5％　アジア系:18％
在学生の各種割合	州外からの学生の割合：71％　留学生の割合：5％
学費と寮費＆食費	約42,500ドル　　約13,000ドル
願書締切日	1月1日
図書館の蔵書数	約440万冊
TOEFL®テストの要求点数	100
SAT®テストの得点平均域	CR：670-750　M：690-780　W：670-760
合格率	27％

著名な卒業生：リチャード・A.ゲッパート（元民主党下院院内総務）、ウォーレン・ビーティ（俳優）、シンディ・クロフォード（モデル）、チャールトン・ヘストン（俳優）、アン・マーグレット（女優）、ゲイリー・マーシャル（映画監督、プロデューサー）、トニー・ランドール（俳優）、ジョージ・A.ゲイヤー（ジャーナリスト）、苅谷剛彦（教育社会学者）、内藤晴夫（エーザイ社）、吉田忠裕（ワイケイケイ社社長）、絹川正吉（数学・解析学者、国際基督教大学元学長）

Profile

世界的に有名で先端をいく科学研究や開発、全米でベスト1に輝く演劇プログラム、そしてこれも世界から学生が集まる Kellogg School of Management など、分野を問わずすぐれた教育を提供する。大学院生には研究機関として、また大学生にはリベラルアーツ教育機関として、それぞれの理念が融合された総合大学として、しばしば「中部のアイビー」と形容される。車で10分走らせればシカゴのダウンタウンというのも大きな魅力だ。

Academic Life

クォーター（4学期）制であるために、年中試験や論文提出に追われる勉強のペースの速さは尋常ではない。普段でも一つの授業のための勉強時間は少なくとも2～3時間、期末になるとその数倍の時間が必要になる。それが年に4回あるのだから、よほどの勉強好きでないと、ついていくのは困難だ。その分、助け合いの精神も根づいている。理系の科目では、教育よりも研究に力を入れる教授が多いとの不満もあるが、実践的な学びの機会は、種類豊富なインターンシップにより大きな特徴となっている。人気の専攻分野は経済学、工学、ジャーナリズムなど。大学院レベルでは、Kellogg School of Management が日本でも有名。マーケティングの分野では全米ナンバー1という定評があり、その名を世界にとどろかす。

Social Life

学生生活の大きな部分を占める日ごろの勉強があまりにたいへんなので、毎日のようにシカゴに出るなんてことはないが、同じ勉強の苦労を背負った学生たちが慎重に運営・活動するキャンパス内でのイベントやサークルは盛ん。「図書館が社交の場」とぼやく学生も。スポーツはアメリカンフットボールが有名で、最近でも"Big Ten"リーグのチャンピオンに輝いている。

Admissions

高校の成績と SAT®/TOEFL® スコアが重視されるが、高校で履修した科目のレベル、推薦状、課外活動での活躍ぶりにも重きを置く。Admissions Office と緊密に連絡をとるほど、いい結果にむすびつく可能性も高くなる。面接の機会を設けてもらい、そのために渡米するなどの積極性は、プラスにこそなれマイナスになることはない。

Rice University

Admission Office-MS 17, Rice University, P.O. Box 1892, Houston, TX 77251-1892
☎ 713-348-7423　FAX 713-348-5323
E-mail：admi@rice.edu
HP：http://www.rice.edu/

創立年	1912年
授与学位	B、M、D
種類	私立総合大学
キャンパス面積	300エーカー
近隣都市までの所要時間	ヒューストン市内に所在
大学生数と男／女比	約3,300人　　52／48％
人種別比	N.A.:0％　中南米系:12％　A.A.:7％　アジア系:21％
在学生の各種割合	州外からの学生の割合：40％　留学生の割合：9％
学費と寮費＆食費	約36,000ドル　　約12,500ドル
願書締切日	1月1日
図書館の蔵書数	約240万冊
TOEFL®テストの要求点数	100
SAT®テストの得点平均域	CR：650-750　M：690-790　W：660-760
合格率	21％

著名な卒業生：チャールズ・ブレアー（化学者）、セス・モリス（建築家）、ビル・アーチャー（政治家）、ロバート・カール（ノーベル化学賞受賞者）、ロバート・ウィルソン（ノーベル物理学賞受賞者）、ウィリアム・ブロイルズ（ジャーナリスト）、ジョン・ドアー（ベンチャー投資家）

Profile

「南部のアイビー」と称される、南部屈指の私立総合大学。研究に重点をおいた総合大学の割には規模が小さい。*Kiplinger's Personal Finance* 紙で Best Value（学費の割にすぐれた教育を受けられる大学）ナンバー1に選ばれた。これは多額の寄付金によるもので、世界の先端を誇る設備と優秀な教授陣が、学生の旺盛な知的好奇心を満たしてくれる。ノーベル賞を受賞した教授が、1年生の授業を受けもつのさえ珍しくない。

Academic Life

勉強熱心な学生たちには、競争よりも助け合いの精神が根づいていて大規模大学にありがちな孤立感や疎外感がなく、アットホームでプレッシャーの少ない学習環境である。また小規模であるだけに、自分の望む授業を履修しやすいというメリットもあり、学生の声が直接カリキュラムに反映されることも珍しくない。またこの大学の学業生活を語る上で欠かせない"Honor Code"は、そうした学生の声が反映され1913年に導入された、学生の道徳・倫理観を尊重する「監視をしない」システムで、テストは原則的に持ち帰り。これにより学業に対する学生たちの責任感と自尊心を養う。教授との親密度の深さは総合大学随一で、学生の積極的な学びの態度があれば、教授は必ず手を差し伸べる。IT分野の研究、細胞工学や微細血管のジャンルに強く、血管の細胞工学の分野では、世界の先端を誇る。ナノテクノロジーの分野で最近ノーベル賞を受賞した教授もいる。建築、工学、環境科学の分野にも強い。

Social Life

入学生を対象として1週間かけて行われるオリエンテーションは、おもに在学生により運営される。それによりリアルな学生生活のあらましを体験できるばかりか、入学生同士、入学生と在学生との絆が深まり、スムーズな学生生活のスタートを切れることでよく知られている。しかし勉強がたいへんすぎて、娯楽面はあまり期待できない。スポーツはとても盛んだ。

Admissions

近年とくに評価が高まり、ハードルはますます高くなっている。高校の成績、SAT[R]/ACT[R]のスコアが飛びぬけていい志願者が集まるので、それ以外、たとえばボランティアなど課外での活躍、ユニークな才能、やる気や努力、積極性が如実に発揮された経験など、どこか「魅力的」でないと入学はむずかしい。

Stanford University

Office of Undergraduate Admission, Stanford University, Montag Hall, 355 Galvez Street, Stanford, CA 94305-6106
TEL 650-723-2091　FAX 650-725-2846
E-mail：admission@stanford.edu
HP：http://www.stanford.edu/

創立年	1891年
授与学位	B、M、D、F
種類	私立総合大学
キャンパス面積	8,180エーカー
近隣都市までの所要時間	サンフランシスコまで車で約30分
大学生数と男／女比	約6,900人　　51／49％
人種別比	N.A.:3％　中南米系:13％　A.A.:10％　アジア系:23％
在学生の各種割合	州外からの学生の割合：54％　留学生の割合：7％
学費と寮費＆食費	約40,500ドル　　約12,500ドル
願書締切日	1月1日
図書館の蔵書数	約800万冊
TOEFL®テストの要求点数	N／A
SAT®テストの得点平均域	CR：670-760　M：690-790　W：680-780
合格率	7％

著名な卒業生：ステファン・ブレイヤー（最高裁判所判事）、ジョン・エルウェイ（元NFL選手）、ロバート・ハス（詩人）、アンソニー・ケネディ（最高裁判所判事）、サリー・ライド（宇宙飛行士）、シガニー・ウィーバー（女優）、ダイアン・フェインスタイン（上院議員）、ハーバート・フーバー（第31代大統領）、ジョン・スタインベック（作家）、タイガー・ウッズ（プロゴルファー）、アグネス・チャン（歌手）、千野忠男（元アジア開発銀行総裁）、数原英一郎（三菱鉛筆社長）、中村恒善（建築構造学者）

Profile

「シリコンバレー発祥の地」として有名なこの大学は、スタンフォード・マネジメント・カンパニーによって経営されることでも知られるとおり、シリコンバレーの一企業として、実践的な「金儲け学」を教育し、教授が優秀な学生を巻き込んで会社を作ってしまうことも珍しくない。今でも、虎視眈々と世界の情勢をにらみながら、世界中をあっと言わせるようなベンチャービジネスが誕生する可能性が全世界で最も高いのがこのキャンパスであると言っても過言ではないだろう。もちろん、ビジネス一辺倒であるわけではなく、すぐれたカリキュラムを、あらゆる学問分野で設けている。

Academic Life

いわゆる伝統的な「大学」の殻にはまらない革新的でリベラルな大学経営は、ハーバードやMITなどからの優秀な教授のヘッドハンティングなどに表われ、また校風はカリフォルニアの気候そのままに、リラックスしオープンである。「西のアイビー」との形容を嫌うのも、学生たちの声や要望、世界情勢に応じてカリキュラムや学則が変更される柔軟性と受容性を誇ってこそのこと。工学、生物学、自然科学の分野に強く、また心理学やコミュニケーションの分野でも全米で最高峰のレベルを誇る。大規模になりがちな1、2年次のクラスには、やはり学生の要望でゼミ形式の授業が取り入れられ、そこでは教授と学生が小グループをつくり、さまざまなトピックの学習や研究を行う。

Social Life

美しく広大なキャンパスは全米最大のロダンの彫刻コレクションを誇り、穏やかな気候は、自ずと学生たちの課外活動への積極的な参加を促す。アットホームでフレンドリーな寮生活がメインの社交の場でもある。全米で最もスポーツが強い大学の一つで、2008年の北京オリンピックでは全米の他の大学のどこよりも多くのアスリートを送り出し、25個のメダルを獲得した。ボランティア活動がとても盛んで、500以上のグループがさまざまな活動を行う。

Admissions

そもそも優秀な出願者しか願書を出さないので、合否の決め手を特定するのはむずかしいが、オールAの成績、満点のSAT®/TOEFL®スコアに加えて課外での活躍など、学業面「以外」での強みは不可欠の要素といえる。スタンフォードに対する思い入れはプラスに働くだろう。面接は行われない。

Tufts University

Office of Undergraduate Admissions, Tufts University, Metcalf Hall, 56 Professors Row, Medford, MA 02155
☎ 617-627-3170   FAX 617-627-3860
E-mail：admissions.inquiry@ase.tufts.edu
HP：http://www.tufts.edu/

創立年	1852 年
授与学位	B、M、D、F
種類	私立総合大学
キャンパス面積	150 エーカー
近隣都市までの所要時間	ボストンまで車で約 10 分
大学生数と男／女比	約 5,200 人　　49／51％
人種別比	N.A.:0％　中南米系 :6％　A.A.:5％　アジア系 :12％
在学生の各種割合	州外からの学生の割合：71％　留学生の割合：6％
学費と寮費＆食費	約 43,500 ドル　　約 12,000 ドル
願書締切日	1 月 3 日
図書館の蔵書数	約 160 万冊
TOEFL®テストの要求点数	100
SAT®テストの得点平均域	CR：670-740　M：680-760　W：680-760
合格率	24％

著名な卒業生：レオ・R.ルイス（作曲家）、ジョン・ホームズ（詩人）、ドロシー・スキナー（科学者）、ナンシー・ショーンズ（彫刻家）、フレデリック・ホーク（宇宙飛行士）、ウィリアム・リチャードソン（政治家）、ウィリアム・ハート（俳優）、ピーター・ギャラガー（俳優）、トレーシー・チャップマン（歌手）

Profile

アイビーリーグ校の補欠組を軒並み引き抜くことで知られ、「すべり止め」「二番手」としてどこか地味な印象を抱かれがちだったが、その汚名も払拭され、意外にも学生の満足度がとても高いことで名を馳せるまでになっている。「研究」と「教育」の両立が実現されている希有な大学の一つで、教授はすぐれた学者、研究者である以上にすばらしい教育者でもある。国際関係の分野では全米でほぼ不動のトップを誇り、国際関係学を専攻した学生の多くが、やはりこの大学の大学院機関で「外交官養成所」として知られる Fletcher School of International Law and Diplomacy に進学する。学園都市ボストンまで地下鉄で出られる至便さも魅力だ。

Academic Life

研究機関としての名声を保ちつつも、リベラルアーツ教育に力を入れていて、一般教養レベルの必修が多いのが特徴。書くこと、話すことによる表現力の養成に力を入れる。教授陣は教育熱心で、個々の学生に対してオープンで親身な指導をし、学生からの評価、アクセス度、満足度どれをとってもとても高い。比較的1クラスの学生数が少ないのも総合大学の中では特筆に値する。Boston College、Boston University、Brandeis University などボストンの大学とのクロスレジストレーションもあり、これらの大学での授業を履修することも可能だ。2,000万ドルをかけて改築した図書館は、快適なリサーチ、自習の場として学業生活の大きな部分を占めるだろう。

Social Life

150以上ある学生サークルでは、とくに校内新聞が盛ん。この新聞が、メディア学やコミュニケーション学のプログラムの充実を促しているほど。また演劇のグループが数多くあり、定期的に上演される学生劇の中には、全米的な高い評価を得ているものもある。娯楽は、地下鉄で行けるボストンで事欠かない。男子校の名残り "Naked Quad Run" は、期末試験3日前の真夜中に学生たちが裸になって Quad（運動場）を一周する伝統行事だ。

Admissions

大学全体のレベルアップに伴い、入学難度もレベルアップしている。何よりも重視されるのが高校の成績。留学生の受入れに特別の注意を払い、出願書類の審査に時間をかけるため、きちんとした英文書類の提出が不可欠だ。

University of Chicago

Office of College Admissions, The University of Chicago, 1101 E. 58th Street, Chicago, IL 60637-5416
TEL 773-702-8650　FAX 773-702-4199
E-mail：collegeadmissions@uchicago.edu
HP：http://www.uchicago.edu/

創立年	1891 年
授与学位	B、M、D、F
種類	私立総合大学
キャンパス面積	211 エーカー
近隣都市までの所要時間	シカゴ市内に所在
大学生数と男／女比	約 5,200 人　　51 ／ 49％
人種別比	N.A.:0％　中南米系:9％　A.A.:6％　アジア系:15％
在学生の各種割合	州外からの学生の割合：69％　留学生の割合：9％
学費と寮費＆食費	約 43,000 ドル　　約 13,000 ドル
願書締切日	1 月 3 日
図書館の蔵書数	約 700 万冊
TOEFL®テストの要求点数	104
SAT®テストの得点平均域	CR：700-780　M：700-780　W：690-770
合格率	19％

著名な卒業生：デビッド・S.ブローダー（ジャーナリスト）、キャサリン・ダンハム（ダンサー、振付師）、マイク・ニコルズ（映画監督、俳優）、カール・セーガン（天文学者）、スーザン・ソンタグ（評論家）、エド・アズナー（俳優）、畑井新喜司（生物学者）、呉文炳（経済学者）

Profile

　創立以来120年ほどの間に、一大学機関としては世界一の数である85名のノーベル賞受賞者を輩出、世界初の核融合実験、さらにジェットストリーム、ウラニウムの発見、経済学分野でのシカゴ学派の誕生など、世界的に有名な研究・実験成果をあげている、大学院中心のリサーチ大学。とくに2000年以降、5名のノーベル経済学賞受賞者を出したのは記憶に新しい。

Academic Life

　学長自らが「勉強しすぎだ」と警告するほどとにかく勉強がたいへん。「心理カウンセラーの需要が全米一位」の大学ともいわれている。一般教養の必修がきつく、またクォーター制ということもあり、息を抜く暇もないほど勉強に追われる。大学院生は世界的に著名な教授陣とひたすら研究に励み、大学生は3、4年次には大学院生と同じクラスをとることもあり、努力次第では大学院生同様に教授と密な知的関係を築くことができる。大学生による教授の評価も概して高い。また図書館をはじめとする素晴らしい設備は、勉強一筋の学生たちに新しい発見を提供してくれる。有名なオリエント研究所を中心とする東アジア研究、中近東研究などの地域研究、経済学、社会学、文化人類学などの分野にとくに強い。

Social Life

　全米屈指のガリ勉大学は、「社交面での満足度ワースト1」の大学でもある。しかしこの汚名返上のため大学を挙げて文化イベントを盛んに催すなどして、大学生活をより社会経験を豊かにするよう努めている。実際は、そもそもガリ勉ばかりが集まるので、娯楽（とくに飲み会のような「低俗」な）には興味がないというのが在学生たちの弁のようだ。キャンパス内にある三つのフィルムソサエティによる毎晩の映画上映、シンフォニー、シェイクスピア劇などが人気のリラックスシーン。どこか娯楽も知的だ。もちろんシカゴでの夜遊びの機会も、あるにはある。キャンパス周辺の治安がよくないのが難だ。

Admissions

　高校の成績、エッセー、SAT®/TOEFL®スコアなどが最重視される。他のエリート校に比べ、エッセーを重視するのが特徴で、エッセーにより自分の思想、ありきたりでないユニークな独創性をアピールするのはプラス。深い思索に富んだ、いわばその道の若き哲学者たちを求める。

University of Notre Dame

Undergraduate Admissions, University of Notre Dame, 220 Main Building, Notre Dame, IN 46556-5602
TEL 574-631-7505　FAX 574-631-8865
E-mail：admissions@nd.edu
HP：http://nd.edu/

創立年	1842 年
授与学位	B、M、D、F
種類	私立総合大学
キャンパス面積	1,250 エーカー
近隣都市までの所要時間	インディアナポリスまで車で約 2 時間半
大学生数と男／女比	約 8,400 人　　54 ／ 46％
人種別比	N.A.:1％　中南米系:10％　A.A.:4％　アジア系:7％
在学生の各種割合	州外からの学生の割合：89％　留学生の割合：3％
学費と寮費＆食費	約 42,000 ドル　　約 11,500 ドル
願書締切日	12 月 31 日
図書館の蔵書数	約 280 万冊
TOEFL®テストの要求点数	100
SAT®テストの得点平均域	CR：650-740　M：670-770　W：N ／ A
合格率	29％

著名な卒業生：マーク・シールズ（政治評論家）、ルシオ・ノト（元 Mobile 社 CEO）、エリック・ウィシャウス（ノーベル医学生理学賞受賞者）、ジェームズ・ウェザービー（宇宙飛行士）、コンドリーザ・ライス（元アメリカ国務長官）、鈴木エドワード（建築家）

Profile

カトリックの精神を重んじる大学で、アイビーリーグ校に勝るとも劣らない入学難度の高さで知られる。学生たちに"Notre Dame Family"の一員としての意識をもたせ、その家族意識を「コミュニティ意識」「伝統」「カトリックの教え」の三本柱によって支える。1,250エーカーの、森と湖に囲まれたキャンパスは、それだけで一つの独立した学園の理想郷を形成している。青春映画『ルーディ』の舞台になった大学で、日本人にもおなじみの、アメリカンフットボールのメッカ。通算26回のナショナルチャンピオンは全米最多だ。

Academic Life

伝統とカトリック精神を重んじるカリキュラムでは、宗教学や哲学を含むいわゆる古来からある一般教養的学問に力を入れていて、1年次は一般教養の履修に終始する。実践的分野にも強く、人気の専攻分野はビジネス、工学、医学予科など。会計学、中世学などで全米トップレベルの課程をもち、とくに世界有数の中世研究所で行われるカトリック研究は世界的権威がある。日本語や中国語の専攻もある。また放射線科学の分野では世界の最先端の研究が行われる。大規模な大学の割には、教授へのアクセスは比較的しやすく、教授に対する学生の満足度も高い。

Social Life

何といってもアメリカンフットボールチーム"Fighting Irish"の試合が盛り上がる。ここでのフットボールのヘッドコーチ人事は全米の注目の的。ほかにもスポーツは全般に盛んで、ほとんどすべての学生が何らかのスポーツに参加する。フェンシング・男子テニス・女子サッカーも強い。マーチングバンドも有名。敬虔な信仰をもつ学生が多く、礼拝も日常的に行われる。社交は寮を中心に行われる。

Admissions

高校の成績が最重視され、ほかには人格的要素、エッセー、課外活動、SAT®/TOEFL®スコアなどが加味される。在学生・卒業生の血縁者は優遇され、すぐれたスポーツ選手であることも、プラスに作用するだろう。学生の多様化に努めていて、留学生の受け入れにも前向きであるため、成績優秀で、スポーツ万能で、カトリック教徒であれば、入学のチャンスはやや大きい。

Washington University in St. Louis

Office of Undergraduate Admissions, Washington University in St. Louis, Campus Box 1089, One Brookings Drive, St. Louis, MO 63130-4899
☎ 314-935-6000　FAX 314-935-4290
E-mail：admissions@wustl.edu
HP：http://wustl.edu/

創立年	1853 年
授与学位	B、M、D、F
種類	私立総合大学
キャンパス面積	169 エーカー
近隣都市までの所要時間	セントルイス市内に所在
大学生数と男／女比	約 7,100 人　　49 ／ 51％
人種別比	N.A.:0％　中南米系 :3％　A.A.:10％　アジア系 :13％
在学生の各種割合	州外からの学生の割合：83％　留学生の割合：6％
学費と寮費＆食費	約 42,500 ドル　　約 13,500 ドル
願書締切日	1 月 15 日
図書館の蔵書数	約 160 万冊
TOEFL®テストの要求点数	N/A
SAT®テストの得点平均域	CR：680-750　M：710-790　W：N／A
合格率	21％

著名な卒業生：マイク・ピーターズ（ピュリッツァー賞漫画家）、ダニエル・ネイサンズ（ノーベル医学賞受賞者）、ハロルド・ラミス（映画監督、俳優）、キャロライン・ロエム（ファッションデザイナー）

Profile

中西部有数の総合大学で、「中西部のアイビー」と形容されることもしばしば。レベルの高さ、教授の質の高さ、学生の勤勉さなど、どれをとっても全米トップレベルであるにもかかわらず、それほど知名度、評価ともに高くないことで知られる隠れた名門総合大学。総合大学としては規模がそれほど大きくないため、1 年次から教授の研究に携わることができるなど、比較的フレンドリーでプレッシャーの少ない教育環境が実現されている。

Academic Life

90 以上の専攻分野にわたる 1,500 以上の科目が提供されているのは大規模総合大学ならでは。優秀な教授陣、優秀な学生たちが集まり、1 年次からノーベル賞受賞者の授業をとることができる。一方で、自分からすすんで行動し、教授と接していく姿勢がないと取り残されてしまう。また、基礎的なクラスの学生数は 200 人、300 人になることもしばしばで、人気のあるとくに少人数クラスの履修は 1 学期間待たなければならないなどの難点も見られる。しかしこの規模の大学にしては概して学生の満足度は高く、教授の評価も、その親身な教育姿勢により、とても高い。人気の専攻分野は心理学、生物学、工学など。

Social Life

中西部有数の大都市セントルイスは、さまざまな文化、スポーツイベントが催され、学生たちの息抜きに格好の舞台となっている。また 200 以上ある学生サークルの種類は多岐に渡り、何かしら自分の興味に合う活動に参加することができるだろう。キャンパスの通りを一本隔てた Forest Park は、動物園、美術館、博物館、サイクリングコース、サイエンスセンター、18 ホールのゴルフコースを擁する巨大な公園で、学生たちがのびのびとリラックスできる場でもある。ダウンタウンの移動は車がないと不便だとの声も聞かれる。

Admissions

高校の成績、SAT®/TOEFL®スコア、推薦状、エッセー、ボランティアをはじめとする課外活動などを多角的に審査し、合否を決める。合格率が比較的高いのは、レベルが低いのではなく、知名度の低さによるものだ。

University of California, Berkeley

Office of Undergraduate Admissions, University of California, Berkeley, 110 Sproul Hall #5800, Berkeley, CA 94720-5800
TEL 510-642-3175　FAX N／A
E-mail：ucinfo@ucapplication.net
HP： http://berkeley.edu/

Photo by Randolph R. Hoyle

創立年	1868年
授与学位	B、M、D、F
種類	州立総合大学
キャンパス面積	1,232エーカー
近隣都市までの所要時間	サンフランシスコまで車で約20分
大学生数と男／女比	約25,600人　47／53％
人種別比	N.A.:1％　中南米系:12％　A.A.:4％　アジア系:40％
在学生の各種割合	州外からの学生の割合：6％　留学生の割合：5％
学費と寮費＆食費	約36,000ドル　　約15,500ドル
願書締切日	11月30日
図書館の蔵書数	約1,390万冊
TOEFL®テストの要求点数	83
SAT®テストの得点平均域	CR：590-710　M：640-750　W：610-720
合格率	22％

有名な卒業生：グレゴリー・ペック（俳優）、スティーブ・ウォズニアク（アップルコンピュータ社創設者）、マット・ビオンディ（オリンピック水泳選手）、ランス・イトウ（O.J.シンプソン裁判の裁判長）、孫正義（ソフトバンク社CEO）、ビル・ビクスビー（俳優）、ジャック・ロンドン（作家）

Profile

在学生から「全米で最高の州立大学」と賞されるこの大学のキャンパスは、サンフランシスコ湾沿いにあり、町全体にアカデミックな雰囲気が漂っている。University of California システムでは最も古く、また代表格であるため、Berkeley校を"Cal"と称すこともしばしば。さまざまなサークルや学生団体がアクティブに活動し、キャンパスは常に活気にあふれ、学生は忙しく、かつ変化に富む生活を送る。自立生活運動の先駆けとなった障害者学生サポートセンター（Disabled Students' Program :DSP）はこのキャンパスにある。

Academic Life

8名のノーベル賞受賞者が教鞭をとる Berkeley では、一般教養、自然科学、テクノロジーの分野で300以上のプログラムを提供していて、その9割以上が全米でトップ10以上にランクされている。とくに工学、自然科学、English、歴史学の分野に定評があり、また音楽プログラムは世界的に有名。膨大なリサーチコレクションには、キャンパスにある23の図書館でアクセスできる。勉強熱心な学生にはやりがいのある厳しさで、1日の勉強時間は5時間を越えるとか。大規模大学の欠点である1クラスの学生数の多さ、TA による授業、教授へのアクセスの不便さは、ここでもよく見られる不満点である。

Social Life

古くからキャンパス内の政治運動がとても活発であることで知られ、しょっちゅうデモやら演説やらが行われていて、常に活気があるが落ち着かないかもしれない。2001年の同時多発テロに対する報復攻撃に全米で最初に行政として反対声明を公示したのが Berkeley 市議会で、またそれをいち早く世界に流したのがこの大学の WEB サイトである。ほんの10マイル離れたサンフランシスコは息抜きにいいだろう。400以上あるクラブやサークルは、大規模大学ならでは。スポーツは NCAA Division Ⅰ。

Admissions

入学審査ではとくに高校の成績、エッセー、SAT®/TOEFL®スコアを重視し、また州立であるだけに、州内出身であることも考慮される。留学生の受入れは当然州民に比べて厳しく、TOEFL®テスト基準点など「数字」を満たしているかどうかで足切りをする傾向もある。多様性を重視するので、エッセーで自分のユニークさ、特技、価値をアピールするのは有効だ。

University of California, Los Angeles

UCLA Undergraduate Admissions and Relations with Schools (UARS), 1147 Murphy Hall, Box 951436, Los Angeles, CA 90095-1436
TEL 310-825-3101　　FAX 310-206-1206
E-mail：ugadm@saonet.ucla.edu
HP：http://www.ucla.edu/

創立年	1919年
授与学位	B、M、D、F
種類	州立総合大学
キャンパス面積	419エーカー
近隣都市までの所要時間	ロサンゼルス市内に所在
大学生数と男／女比	約26,700人　　44／56％
人種別比	N.A.:0%　中南米系:15%　A.A.:4%　アジア系:30%
在学生の各種割合	州外からの学生の割合：7%　留学生の割合：5%
学費と寮費＆食費	約34,000ドル　　約14,000ドル
願書締切日	11月30日
図書館の蔵書数	約760万冊
TOEFL®テストの要求点数	83
SAT®テストの得点平均域	CR：560-680　M：590-720　W：580-700
合格率	22%

著名な卒業生：トム・ブラッドレー（元ロサンゼルス市長）、ロイド・ブリッジス（俳優）、ラルフ・バンチ（ノーベル平和賞受賞者）、キャロル・バーネット（女優）、フランシス・F.コッポラ（映画監督）、R.ウォルター・カニンガム（宇宙飛行士）、ジェームス・ディーン（俳優）、ジム・モリソン（ミュージシャン）、マイケル・オービッツ（ハリウッドの実業家）、ロブ・ライナー（俳優、映画監督）、ティム・ロビンズ（俳優、映画監督）、ジョン・ウィリアムズ（作曲家）、青木英夫（風俗学者）

Profile

"UCLA"の名で日本でも知名度が高いこの大学はインターネットの発祥の地としても知られる。10の図書館、二つの美術館、病院、複数の劇場、小学校などを擁するキャンパスはさながら一つの町の様相を呈し、学生、教授、職員など合わせて6万人以上の人が毎日出入りする。学生、教授陣ともにマイノリティ人口が大きいのが特徴で、全米で最もヒスパニックの教授が多い大学の一つでもある。多様な学生層は、ロサンゼルスの人口標本のようだ。

Academic Life

大規模ならではのメリットとデメリットをすべてもつ大学。メリットは、幅広いクラス選択と充実した設備があげられ、また教授陣はすぐれた研究者として名声は高いが、それがすなわちすぐれた教育につながらない、つまり自分の研究には熱心だが、学生の教育に関しては大学院生の助手（TA）に任せてしまうというのがデメリットだ（大規模大学ではよくある欠点ではあるが）。クォーター制（4学期制）により、勉強のペースが速く、期末試験、論文提出の頻度が高いため、ただでさえ全米有数の規模の大きな大学であるのだから、かなり高い主体性、自立性が求められ、ぼんやりしているとあっという間に落ちこぼれてしまう。自分自身で計画を立て、それを着実に実現することが不可欠だ。映画製作や演劇、テレビなどエンターテインメント系の学科に強く、また言語学、地理学、生物学などでもすぐれたプログラムを提供する。

Social Life

全米で最多級の人口を擁するキャンパスでは、500をこえる学生サークルが毎日のように盛んな活動をしているので、自分の興味に応じたグループに必ず出会えるだろう。世界中の観光客を集める西部最大の都市ロサンゼルスには、ありとあらゆる文化、スポーツ、娯楽の機会がある。そして温暖な気候は、さらに勉強をおろそかにさせがちだが、ダウンタウンでの移動には基本的に車が必要。スポーツは全米最強豪の一つで、2008年の北京オリンピックには33名が競技選手として、6名がコーチとして参加した。

Admissions

全米で最も出願者の多いこの大学では、州立ということもあって、州外の出願者は高校での成績、SAT®/TOEFL®スコアなど「数字」で足切りする傾向がみられる。面接は行われない。

University of Illinois, Urbana-Champaign

Office of Undergraduate Admissions, University of Illinois, Urbana-Champaign,
901 West Illinois Street, Urbana, IL 61801
TEL 217-333-0302　FAX 217-244-4614
E-mail：N／A
HP：http://illinois.edu/

創立年	1867年
授与学位	B、M、D、F
種類	州立総合大学
キャンパス面積	1,470エーカー
近隣都市までの所要時間	シカゴまで車で約2時間
大学生数と男／女比	約31,500人　　54／46％
人種別比	N.A.:0%　中南米系:7%　A.A.:7%　アジア系:13%
在学生の各種割合	州外からの学生の割合：7%　留学生の割合：9%
学費と寮費＆食費	約28,500ドル　　約10,500ドル
願書締切日	1月2日
図書館の蔵書数	約1,020万冊
TOEFL®テストの要求点数	79
SAT®テストの得点平均域	CR：530-660　M：680-770　W：570-670
合格率	67%

著名な卒業生：ロザリン・S.ヤロウ（ノーベル医学賞受賞者）、ロジャー・エバート（映画評論家）、ジョン・ウェルチ（GE元CEO）

Profile

過去23名のノーベル賞受賞者と19名のピュリッツァー受賞者を輩出しているパブリックアイビーの1校。見渡す限りのとうもろこし畑に囲まれた広大なキャンパスは、さながら巨大なハイテク工場に見紛うほどである。Harvard、Yaleに次ぐ第3位の蔵書数を誇る図書館、大学所有の空港、実験農場をはじめとする充実した施設を擁する、威風堂々たる全米有数の研究大学だ。インターネットの普及の牽引力となったMOSAICは当時の在学生が開発した。米国立スーパーコンピュータ応用研究所（NCSA）もこの大学にあり、スーパーコンピュータを利用した研究を行っている。

Academic Life

ビジネス、工学の分野に強く、ほかにも農学系、昆虫学、コンピュータ・サイエンス、遺伝学などが全米トップレベル。とくにコンピュータ工学の分野は、半導体の開発の牽引力となり、「コンピュータ界に最も大きな影響を及ぼした大学」として挙げられるほど、教授陣には世界で希に見る頭脳がズラリとそろっている。すばらしい施設と優秀な教授たちに囲まれた学生たちの満足度はとても高いが、一方で、教育よりも研究や技術開発に重点が置かれがちである、TAによる授業が多い、などの大規模大学ならではの欠点も見られる。1990年来の日本研究は、「日本館」という、そのための施設を拠点に行われている。

Social Life

「キャンパス内に何もかもすべてそろっているので、娯楽のためにキャンパスを出ることはない」というのが一般の学生たち。スポーツ施設は、その立派さに目を見張るが、また、障がい者にも利用しやすい施設として日本のメディアにも採り上げられている。とくにバスケットボールとフットボールが強く、他校との試合は盛り上がる。また吹奏楽団は、世界最大の学生吹奏楽団として知られる。

Admissions

高校の成績、SAT®/TOEFL®スコアが最重視される。州内の学生がとくに優遇されるわけではないが、入学生の9割以上が州内出身者である。学生の多様化には前向きだ。

University of Michigan, Ann Arbor

Office of Undergraduate Admissions, University of Michigan, 1220 Student Activities Building, 515 E. Jefferson, Ann Arbor, MI 48109-1316
☎ 734-764-7433　FAX 734-936-0740
E-mail：N／A
HP：http://www.umich.edu/

創立年	1817年
授与学位	B、M、D、F
種類	州立総合大学
キャンパス面積	8,070エーカー
近隣都市までの所要時間	デトロイトまで車で約45分
大学生数と男／女比	約27,000人　51／49％
人種別比	N.A.:1％　中南米系:4％　A.A.:6％　アジア系:12％
在学生の各種割合	州外からの学生の割合：29％　留学生の割合：6％
学費と寮費＆食費	約38,000ドル　約10,500ドル
願書締切日	2月1日
図書館の蔵書数	約800万冊
TOEFL®テストの要求点数	88-100
SAT®テストの得点平均域	CR：590-690　M：640-750　W：610-710
合格率	51％

有名な卒業生：ジェラルド・フォード（第38代大統領）、ジェームズ・アール・ジョーンズ（俳優）、アーサー・ミラー（作家）

Profile

ミシガン州最高の州立大学でパブリックアイビーの一つ。大規模大学ならではの幅広い専攻分野と充実した設備を誇り、大学のある街 Ann Arbor はまさにこの大学を中心とする学園町で文化水準が高く、数多い公会堂では世界中からの著名な芸術家や音楽家を招いてオペラやコンサートを開催している。ミシガン大学の美術館や博物館も、町の文化水準アップに一役買っているのは言うまでもない。日本とのかかわりは深く、「日本研究センター（Center for Japanese Studies）」では1947年の創立以来、日米相互の文化交流の機関として全米でも有数だ。

Academic Life

まずは大規模ならではの欠点が挙げられる。つまり履修したい授業をとれない、教授は教育よりも自分の研究に熱心、大学よりも大学院レベルでの教育に重きが置かれている、TAが教える授業が多い、親身なサポートが望めない、などである。しかし求めれば与えられる環境であり、行動力と主体性がカギになる。Undergraduate Research Opportunity Program（UROP）では、1～2年次の学生に、教授の指導のもと、研究に従事できる機会が与えられ、1,000人以上の学生が600人以上の教授陣と研究に励んでいる。情報科学、スピーチ学、社会学、考古学、そして会計学などのビジネス系、生物理学などのサイエンス系、宇宙工学、原子工学をはじめとする工科系などさまざまな分野で全米トップレベルのプログラムを誇る。大学のソーラーカーチームは北米ソーラーカーレースの初めての開催（1990年）以来何度も優勝している。デジタル研究図書館の存在も内外によく知られるところである。

Social Life

大学都市 Ann Arbor では学生たちのためのありとあらゆる課外活動——文化、芸術、スポーツ、音楽、飲食、娯楽——の機会を与えてくれる。またボランティアサークルがとても充実していて、ホームレスの人のための炊き出しや子どもたちへの教育指導など、多岐に渡った活動に参加する。スポーツはフットボールが強く、他校とのホーム試合はとても盛り上がる。

Admissions

高校の成績が最重視され、そのほかには SAT®/TOEFL® スコアなど。エッセーや課外活動での活躍などはさほどプラスの要素にならない。州外の学生であるというだけでやや留学生にはハンデがある。

University of North Carolina, Chapel Hill

Office of Undergraduate Admissions, University of North Carolina at Chapel Hill, Jackson Hall, Campus Box 2200, 153A Country Club Road, Chapel Hill, NC 27514
TEL 919-966-3621　FAX 919-962-3045
E-mail : unchelp@admissions.unc.edu
HP : http://www.unc.edu/

創立年	1789年
授与学位	B、M、D、F
種類	州立総合大学
キャンパス面積	729エーカー
近隣都市までの所要時間	グリーンズボロまで車で約1時間
大学生数と男／女比	約18,000人　41／59％
人種別比	N.A.:1％　中南米系:5％　A.A.:11％　アジア系:7％
在学生の各種割合	州外からの学生の割合：16％　留学生の割合：2％
学費と寮費＆食費	約27,000ドル　約10,000ドル
願書締切日	1月5日
図書館の蔵書数	約550万冊
TOEFL®テストの要求点数	100
SAT®テストの得点平均域	CR：590-700　M：620-710　W：580-680
合格率	32％

著名な卒業生：マイケル・ジョーダン（バスケットボール選手）、テイラー・ブランチ（ピュリッツァー賞作家）、ヴィンス・カーター（バスケットボール選手）、ルイーズ・フレッチャー（女優）、フランシス・コリンズ（遺伝学者）、チャールズ・フレイジャー（作家）、アンディ・グリフィス（俳優）、アレキサンダー・ジュリアン（ファッションデザイナー）、デービス・ラブ（プロゴルファー）、ジェームス・K.ポーク（第11代大統領）、ジャック・パランス（俳優）

Profile

　全米で最初にできた州立大学として知られ、またバスケットボールのメッカでNBAスター選手を輩出していることでも有名。North Carolina State University、Duke University、そしてこのUniversity of North Carolina - Chapel Hillを結ぶ域内の三角地帯：Research Triangle Park（RTP）は、これらの優秀な大学の卒業生の他州への流出を防ぐための就職先として設けられたという。普通UNCといったらこの大学を指す。

Academic Life

　大規模大学の割には1クラスの学生数は比較的少ないといわれるが、やはり個々の学生に対する親身な指導は期待できず、簡単なクラスばかりをとることもできれば、より厳しい教授のもとで勉強しがいのあるタフな授業をとることもできる。つまり学生のやる気次第である。すぐれた教授陣、充実した施設（とくにコンピュータ施設は整っている）は求めるものには十分に活用されよう。しかし専攻課程のクラスですらTAが教えることも珍しくないという不満も聞かれる。1年次はすべての学生がGeneral College Programという一般教養課程を履修し、1年次の終わりに専攻を決める。社会学、フィジカルセラピー、政治学、歴史学などが全米トップレベル。RTPでのインターンシップの機会は豊富だ。

Social Life

　Chapel Hillの町そのものが、大学のため、大学生のためにあるといってもいいくらい、学生たちの町に対する満足度が高く、演劇、映画、パーティ、飲食、あらゆるストレス発散の機会が用意されている。そして何といってもあのマイケル・ジョーダンが在学したカレッジバスケットボールのメッカで、他校との試合は町を挙げて大いに盛り上がる。

Admissions

　高校の成績、SAT®/TOEFL®スコアが最重視され、その他エッセーや推薦状などが加味される。また州内の出願者を優先し、約8割を州内の、残りの約2割を州外の出願者のための割合としているため、留学生は自ずとハンデを背負うことになる。

University of Virginia

Office of Undergraduate Admission, University of Virginia, P.O. Box 400160, Charlottesville, VA 22904
☎ 434-982-3200　FAX 434-924-3587
E-mail：undergradadmission@virginia.edu
HP：http://www.virginia.edu/

創立年	1819年
授与学位	B、M、D、F
種類	州立総合大学
キャンパス面積	1,160エーカー
近隣都市までの所要時間	リッチモンドまで車で約1時間半
大学生数と男／女比	約15,500人　　44／56％
人種別比	N.A.:0％　中南米系:4％　A.A.:8％　アジア系:11％
在学生の各種割合	州外からの学生の割合：27％　留学生の割合：6％
学費と寮費＆食費	約36,000ドル　　約9,500ドル
願書締切日	1月1日
図書館の蔵書数	約490万冊
TOEFL®テストの要求点数	N／A
SAT®テストの得点平均域	CR：600-710　M：620-740　W：610-720
合格率	33％

著名な卒業生：トーマス・ウッドロウ・ウィルソン（第28代大統領）、ロバート・ケネディ（政治家）、エドワード・ケネディ（政治家）、ジョン・ワーナー（政治家）、クリストファー・ボンド（政治家）、ジェームズ・ギルモア（政治家）、ルイス・アレン（ブロードウェイプロデューサー）、エドガー・アラン・ポー（詩人、作家）、ウォルター・リード（医学者）、明石康（元国連事務次長）

Profile

　トーマス・ジェファソン第3代大統領が自ら設計し、創立した大学で、ジェファソン本人が初代学長をも務めたパブリックアイビー校の一つ。そのためか、格式の高さと重厚さ、伝統を重んじる気品の高さ、そういったものを感じさせる荘厳で美しいキャンパスと校風が息づいている。UVAの学生のプライドは、学生の道徳心と倫理観を尊重するHonor Systemとして具体化している。これは、「不正行為をしない」ことを前提にそのための監視を受けないことの誓約をし、もし不正行為が発覚した場合は学生による「裁判」が行われ、有罪となれば即退学処分を受けるシステム。

Academic Life

　60以上の専攻分野から、1,000以上のクラスが毎年開講され、その選択の大きさは大規模大学ならでは。一方で、クラスの規模をできるだけ小さくし、ディスカッションを多く取り入れるなど、大規模大学ならではの欠点は最小限に抑えられている。教授陣も概して教育熱心で、各界の著名人がゲスト講師として招かれることも珍しくない。English、商学、歴史学、政治学、生物学に強く、原子工学、システム工学の分野でもすぐれたプログラムをもつ。図書館をはじめとする施設も充実している。

Social Life

　学業と息抜きの両立がバランスよくとれているのが特徴。スポーツが盛んで、85％の学生が何らかのスポーツに参加する。とくにアメリカンフットボールが盛ん。学生サークルの数は300以上にのぼり、とくにボランティアがとても充実していて、毎週3,000人以上の学生が、子どもたちへの教育、施設づくり、デイケア、カウンセラーサポートなどのボランティアに従事する。伝統に守られた、在学生にしか知らされない秘密の儀式もあるのが楽しい。キャンパス内の映画フェスティバルも人気だ。

Admissions

　高校での成績が優秀なのが前提で、エッセー、推薦状、課外活動がかなりの比重を占め、一人ひとりの書類が入念に吟味される。近年学生の多様化にとても前向きで、州外からの学生も多く入れるが、入学の厳しさは州内の志願者に比べて大きい。

University of Wisconsin, Madison

Office of Admissions and Recruitment, University of Wisconsin-Madison, 702 West Johnson Street, Suite 1101, Madison, WI 53715-1007
TEL 608-262-3961　FAX 608-262-7706
E-mail：international@admissions.wisc.edu
HP：http://www.wisc.edu/

創立年	1848年
授与学位	B、M、D、F
種類	州立総合大学
キャンパス面積	1,050エーカー
近隣都市までの所要時間	マディソン市内に所在
大学生数と男／女比	約30,000人　48／52％
人種別比	N.A.:0％　中南米系:4％　A.A.:3％　アジア系:6％
在学生の各種割合	州外からの学生の割合：35％　留学生の割合：6％
学費と寮費＆食費	約26,000ドル　約8,500ドル
願書締切日	12月15日
図書館の蔵書数	約777万冊
TOEFL®テストの要求点数	80
SAT®テストの得点平均域	CR：550-670　M：620-720　W：560-670
合格率	67％

著名な卒業生：フレデリック・マーチ（俳優）、ジョン・リングリング（リングリングサーカス）、フランク・ロイド・ライト（建築家）、チャールズ・リンドバーグ（飛行士）、A.C.ニールセン（ニールセン社）、松田武（アメリカ政治・外交史学者）

Profile

ウィスコンシン州で最もレベルの高い州立大学で、州成立と同じ年に設立されたパブリックアイビー校の一つ。全米の州立大学でも間違いなく五指に数えあげられるだろうこの研究大学は、素晴らしい施設と研究資料の豊富さ、そしてすぐれた教授陣がその大きな特徴だ。大学の位置する町 Madison は最近 *Money* 誌で「住みやすい町」のトップに輝いたこともある。

Academic Life

1年度に開講されているクラスは実に4,500を数え、提供されている専攻分野も150以上ある。とくに農学系の分野に強く、農業経済学、酪農学、畜産学など全米でトップレベルのプログラムを多く擁し、ほかにも機械工学、化学工学、原子工学などの工科系、諸外国語、フィジカルセラピー、生物学、地学、地理学、動物学、遺伝学など分野を問わずすぐれた課程を設けている。一方で、教授からのよりパーソナルな指導はなかなか望めず、研究大学らしく、教授たちは自分の研究で手が一杯という不満もある。学生たちには自分ですすんで学習していく姿勢、そして何よりもやる気と行動力が求められる。

Social Life

よく学び、よく遊ぶのが UW-Madison の学生たち。「パーティ大学」としても知られるこの大学では、お酒を飲むのが最もポピュラーでお手軽なレクリエーションだ。お酒を飲めない人でも大丈夫、なぜならキャンパス内には何と 800 もの学生サークルがあり、何かしら自分の興味に見合う活動機会を見つけられるはずだ。スポーツは Big 10 リーグに属し、とくにアイスホッケーとアメリカンフットボールの試合は大学全体で盛り上がる。夏でも汗をかかないからっとした気候に、いやでも体を動かしたくなるだろう。学生層はウィスコンシン州内出身の白人が大部分を占め、やや閉鎖的なところがある。

Admissions

高校の成績が最重視され、ほかには推薦状、SAT®/TOEFL®スコアなど。いくらか「数字」の要素を重視する傾向にある。州内の学生を優先するため、留学生はやや不利ではある。

Amherst College

Office of Admission, Amherst College, P.O. Box 5000, 220 S. Pleasant Street, Amherst, MA 01002-5000
TEL 413-542-2328 FAX 413-542-2040
E-mail：admission@amherst.edu
HP：https://www.amherst.edu/

創立年	1821 年
授与学位	B
種類	リベラルアーツ・カレッジ
キャンパス面積	1,000 エーカー
近隣都市までの所要時間	ボストンまで車で約 2 時間
大学生数と男／女比	約 1,800 人　　50／50％
人種別比	N.A.:0％　中南米系:11％　A.A.:11％　アジア系:10％
在学生の各種割合	州外からの学生の割合：79％　留学生の割合：8％
学費と寮費＆食費	約 43,000 ドル　　約 11,500 ドル
願書締切日	1 月 1 日
図書館の蔵書数	約 100 万冊
TOEFL®テストの要求点数	100
SAT®テストの得点平均域	CR：670-770　M：670-770　W：680-770
合格率	15％

著名な卒業生：カルビン・クーリッジ（第 30 代大統領）、ヘンリー・W. ビーチャー（思想家、教育家）、クラレンス・バーズアイ（冷凍食品の発明者）、スタンスフィールド・ターナー（元 CIA 長官）、ウィリアム・ウェブスター（元 FBI 長官）、デビッド・ラッセル（映画監督）、ウィリアム・S. クラーク（札幌農学校教頭）、内村鑑三（明治の思想家）、新島襄（同志社大学創設者）、山崎寿春（駿河台学園創立者）、本間長世（政治学者、思想史家）

Profile

ハーバードやイェールに勝るとも劣らないすぐれた四年制大学。「アマースト」と発音することさえあまり知られていないこのリベラルアーツ・カレッジは、意外にも日本とかかわりが深い。たとえば「少年よ、大志を抱け」で有名な札幌農学校（当時）のクラーク博士、当時の学長の影響でキリスト教を信仰した内村鑑三、同志社大学を創設した新島襄らが同校で学び、かつては毎年外交官が留学生として国から派遣されていた。なお同志社大学のスクールカラーである紫は、Amherstのスクールカラーを受け継いだものだ。

Academic Life

大学生への「教育」に徹するすばらしい教授陣が、この大学の最大の持ち味。教授たちの熱心さは、自宅の電話番号を学生に知らせ、また大学から支給される自分のクラスの「交際費」を、自宅に学生を招いてするパーティに利用し知的交流を深めるというほど。専攻が何であれ、リベラルアーツ教育に徹し、職業に密接した実践教育よりも、生涯にわたってさまざまな場面で生かされる分析力、問題意識と解決力、文章力を養う。学生はいずれも勉強熱心だが、成績のためにというよりも、教授やクラスメイトとの知的交流を通じながら楽しく、一生懸命学ぶといった感じだ。「オープンカリキュラム」という、専攻以外の必修科目を設けないシステムでは、学生に自由な学ぶ道を選ばせ、また学生は、その柔軟性からダブルメジャーをとることも多い。近隣のSmith College、Mount Holyoke College、Hampshire College、University of Massachusetts - Amherstとの提携により、これらの大学の授業を履修することもできる。

Social Life

勉強に専念すればするほど、遊びを充実させるのがAmherstの学生たち。隔週木曜日と土曜日に催される大学主催の伝統的なパーティ"TAP"では、DJが招かれ、また21歳以上の学生にはビールが出されるなどして盛り上がる。文化的イベントもよく催され、またスポーツが盛んで施設も充実している。寮の住み心地はバツグンにいい。

Admissions

高校の成績とSAT®/TOEFL®スコアが文句なしであることを前提として、一人ひとりの出願者を多角的に審査するために、エッセー、推薦状、課外活動をとても重視する。入学難易度はアイビーリーグ校に劣らない。

Barnard College

The Office of Admissions, Barnard College, 3009 Broadway, New York, NY 10027
☎ 212-854-2014   📠 212-854-6220
E-mail：admissions@barnard.edu
HP：http://www.barnard.edu/

創立年	1889 年
授与学位	B
種類	リベラルアーツ・カレッジ
キャンパス面積	4 エーカー
近隣都市までの所要時間	ニューヨーク市内に所在
大学生数と男／女比	約 2,400 人　　0／100％
人種別比	N.A.:0％　中南米系:9％　A.A.:4％　アジア系:16％
在学生の各種割合	州外からの学生の割合：64％　留学生の割合：5％
学費と寮費＆食費	約 42,500 ドル　　約 13,500 ドル
願書締切日	1 月 1 日
図書館の蔵書数	約 20 万冊（Columbia Universityの720万冊も利用可能）
TOEFL®テストの要求点数	100
SAT®テストの得点平均域	CR：630-730　M：620-710　W：650-750
合格率	28％

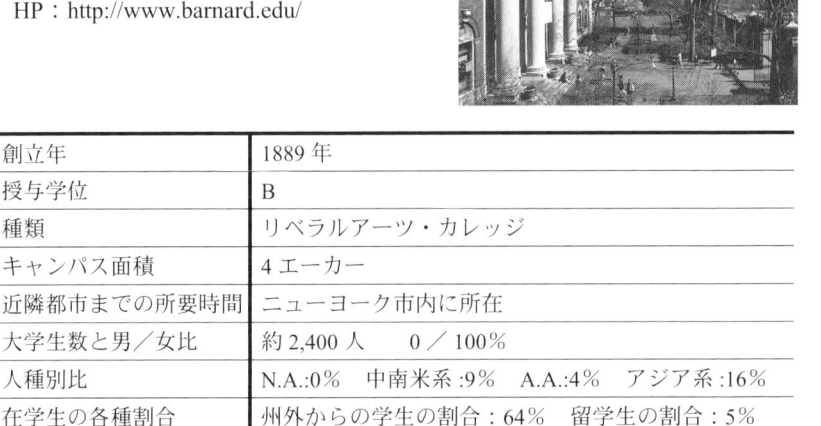

著名な卒業生：マーガレット・ミード（文化人類学者）、メアリー・ゴードン（作家）、ジーン・カークパトリック（初の女性国連大使）、ジョーン・リバース（コメディエンヌ）、スザンヌ・ヴェガ（シンガーソングライター）

Profile

アイビーリーグ校である大規模総合大学 Columbia University の一角を占める女子大で、セブンシスターズ校の一つ。そのユニークな立地条件により、女子大ならではの安心で家族的な学びの環境と総合大学ならではの施設の充実と豊富な研究資料、そして豊富な課外活動機会という両面のよさを享受できる。またマンハッタンという立地も大きな魅力だ。

Academic Life

「リベラルアーツ教育を通して分析力と批判力を養う」ことを教育の第一義に掲げ、一般教養と専攻分野のバランスがとれたカリキュラムがしかれている。1年目の"First-Year Seminar"では、ディスカッションを通したゼミ形式の授業により、さまざまなトピックについて学び、論文としてまとめる訓練をする。一クラスの学生数が少ないため、教授は個々の学生に独自の研究や作文を多く要求する。勉強量はかなりなものだが、常に「やり切った」という達成感と、教授のフィードバックも丁寧であるために充実感がある。とくに教授の親身な指導、フレンドリーな態度に評価が高く、教授の研究に直接携わる機会も珍しくない。もちろん、Columbia University のクラスを履修することも可能だ。人気の専攻分野は English、経済学、心理学。

Social Life

何をおいてもマンハッタン！ マンハッタンで享受できる芸術、文化、音楽、スポーツの経験は計り知れないくらい豊富だ。その多くに学生割引がきくが、やはりマンハッタンでの娯楽にはお金がかかるというのが学生たちの不満でもあるようだ。学生サークルは Columbia College と共用のため、その数や種類は豊富にある。望めば Columbia College の男女共用の寮に住むこともできる。

Admissions

多様な学生を求めるため、学業成績、SAT®/TOEFL®スコアのほか、推薦状、エッセー、課外活動の内容をよく審査する。とくにエッセーで自分の個性、やる気、興味をアピールするのは有効。少々突飛なぐらいが目立っていいかもしれないほどだ。

Bates College

Office of Admission, Bates College, 23 Campus Ave, Lewiston, ME 04240
TEL 207-786-6000   FAX 207-786-6025
E-mail：admissions@bates.edu
HP：http://www.bates.edu/

創立年	1855年
授与学位	B
種類	リベラルアーツ・カレッジ
キャンパス面積	109エーカー
近隣都市までの所要時間	ボストンまで車で約3時間
大学生数と男／女比	約1,750人　　47／53％
人種別比	N.A.:1％　中南米系:4％　A.A.:5％　アジア系:7％
在学生の各種割合	州外からの学生の割合：83％　留学生の割合：6％
学費と寮費＆食費	約55,500ドル（学費・食費・寮費の合計額）
願書締切日	1月1日
図書館の蔵書数	約59万冊
TOEFL®テストの要求点数	N／A
SAT®テストの得点平均域	N／A
合格率	32％

著名な卒業生：ステイシー・カバト（ドキュメンタリー映像作家）、エドモンド・S．マスキー（政治家）、ベンジャミン・E．メイス（教育家）

Profile

ニューイングランド地方で最初の共学大学で、自由な思想がその教育理念にあり、創立当初より人種、性別、宗教、国籍にかかわらず入学生を受け入れる伝統をもつ。現在でも世界中のありとあらゆる考え方、観点を受け入れる姿勢をもっている。この「受け入れる」という寛容性、受容性こそが、Batesの校風であり、教授と学生の日々の生活に息づいている。

Academic Life

9～12月の秋学期、1～4月の冬学期、そして5月のミニ学期からなる「4-4-1」制の大学。5月の学期では、インターンや独自の研究など、普段の学期ではしないことを集中的に行う。学生の満足度は全米でも随一で、その一端を担うのが、教室内外で指導にあたるすばらしい教授陣。教授たちは、成績に関してはとても厳しく要求も大きいが、やる気のある学生に応えることが楽しみであるかのように丁寧な指導をする。卒業生は一様に、大学で「何を学んだ」ではなく、「どのように考えるかということを学んだ」と言う。人気の専攻分野は心理学、English、生物学。珍しい専攻としてはレトリック（修辞法）がある。日本語専攻もあるので、親日家に出会える可能性も高い。大学院レベルの研究に携わっている上級生も多く、教授との共同研究として学会誌や国内外の学会で発表することもしばしば。

Social Life

創立以来、フラタニティとソロリティが存在したことがない。すべての（パーティを含む）課外活動は、すべての学生に開かれている、というのが根本の理念としてある。キャンパス内での娯楽はちょっとしたパーティくらいで、また周囲の環境もこれといった娯楽を提供してくれるわけでもないが、長い冬はウィンタースポーツを存分に楽しめる。社会や環境に対する問題意識が強く、その関連の学生サークルの活動が盛んだ。ディベートのチームは世界的に有名。

Admissions

SAT®スコア提出が義務づけられていない（実際は多くの出願者が提出するものの）のが特徴で、高校での成績が飛びぬけてすぐれていることを前提に、エッセー、推薦状、課外活動などを通して、出願者の思想、人格、やる気等を注意深く審査する。入学難度は全米の大学でもトップレベルだ。面接はプラスになるだろう。

Bowdoin College

Admissions Office, Bowdoin College, 5000 College Station, Brunswick, ME 04011-8441
TEL 207-725-3100　FAX 207-725-3101
E-mail：admissions@bowdoin.edu
HP：http://www.bowdoin.edu/

創立年	1794年
授与学位	B
種類	リベラルアーツ・カレッジ
キャンパス面積	200エーカー
近隣都市までの所要時間	ボストンまで車で約2時間45分
大学生数と男／女比	約1,800人　　49／51％
人種別比	N.A.:1％　中南米系:10％　A.A.:6％　アジア系:12％
在学生の各種割合	州外からの学生の割合：83％　留学生の割合：3％
学費と寮費＆食費	約43,000ドル　　約12,000ドル
願書締切日	1月1日
図書館の蔵書数	約98万冊
TOEFL®テストの要求点数	100
SAT®テストの得点平均域	CR：650-750　M：660-750　W：660-750
合格率	20％

著名な卒業生：ネーザン・ロード（ダートマス大学元学長）、ウィリアム・コーエン（政治家）、ヘンリー・W.ロングフェロー（詩人）、フランクリン・ピアス（第14代大統領）、ナザニエル・ホーソーン（作家）、ロバート・ペリー（北極点初到達者）、アルフレッド・キンゼイ（心理学者）、ジョーン・サミュエルソン（女性初のオリンピック・マラソン金メダリスト）

Profile

　日本ではほとんど知られていないこのミニアイビー校の大きな特徴は、そのロケーションにある。大西洋に面した美しいキャンパスは、環境学、自然科学を学ぶに最適で、キャンパスとそれをとりまく自然全体が、学びの場として活用されている。アウトドアレクリエーションの機会も豊富だ。生物医学の研究分野で国や州から多額の補助金が給付されている。

Academic Life

　学生の自主的な学習意欲を促す教育方針で、大学生活で得た経験を、広く社会で生かせるよう教育する。3、4年生の多くが独自の研究に従事するのもその表われといえよう。この社会への貢献こそが、最終的な教育目標であり、「リーダーシップ」「人とのふれあい」「参加」が重要とされる。そのためグループで協力して進められる授業形態も珍しくない。カリキュラムは広範で柔軟性に富み、ダブルメジャーをとる学生も多い。古典（ギリシャ・ラテン語／文学、考古学）からゲイ・レズビアン研究まで幅広い専攻分野があり、リベラルかつ歴史ある名門リベラルアーツカレッジという特性を反映している。1年次にはゼミ形式の授業を通して、分析力、勉強の仕方を学習する。学生たちの、教授への評価はとても高く、知的交流がとても盛んだ。寄付金の獲得により、施設面での充実と学生の多様化が実現されたが、教育現場での改善は見られないとの不満の声も聞かれる。

Social Life

　豊かな自然に抱かれたキャンパスでは、周囲に娯楽がなく、最近まではキャンパス内でお酒を飲むぐらいしかなかったが、それも大学側の規制が厳しくなったため、いよいよすることがなくなってきた。しかし一方でアウトドアスポーツの機会の豊富さは全米でも有数で、Outing club（遠足クラブ）が最もポピュラーな課外活動。スポーツも盛ん。大学の食事はおいしいと評判だ。

Admissions

　高校の成績が抜群によいのがまずは最低条件。その上で、エッセーなどでどれだけの個性とやる気をアピールできるかがカギになる。面接はプラスに働くだろう。SAT®スコアは必須ではなく任意提出。

Bryn Mawr College

Office of Admissions, Bryn Mawr College, 101 North Merion Avenue, Bryn Mawr, PA 19010
☎ 610-526-5152　FAX 610-526-7471
E-mail：admissions@brynmawr.edu
HP：http://www.brynmawr.edu/

創立年	1885 年
授与学位	B、M、D
種類	リベラルアーツ・カレッジ
キャンパス面積	135 エーカー
近隣都市までの所要時間	フィラデルフィアまで車で約 15 分
大学生数と男／女比	約 1,300 人　　0 ／ 100％
人種別比	N.A.:0％　中南米系:5％　A.A.:7％　アジア系:12％
在学生の各種割合	州外からの学生の割合：78％　留学生の割合：10％
学費と寮費＆食費	約 41,000 ドル　　約 13,000 ドル
願書締切日	1 月 1 日
図書館の蔵書数	約 110 万冊
TOEFL®テストの要求点数	N／A
SAT®テストの得点平均域	CR：590-720　M：580-700　W：600-700
合格率	48％

著名な卒業生：キャサリン・ヘプバーン（女優）、ベッツィ・マッケイ（ピュリッツァー賞受賞作家）、リア・グラハム（全米初の女性、そして黒人の鉱山局長）、津田梅子（津田塾大学創設者）、原ひろ子（文化人類学者）

Profile

クェーカー教の理念が息づいている女子大で、女子への教育提供に先駆的な役割を果たしてきている。日本では津田梅子が学んだ大学として知られ、津田塾大学とは姉妹校の関係にある。全米的に評価の高い Honor Code は、学生自らの道義にゆだねられ学業面・生活面で監視されず、テストなども学生が自らスケジュールを組む。

Academic Life

「女子への最良の教育提供」をモットーに、小規模のクラス編成、教授との密接な知的交流、寮生活を通して自主的に問題解決に取り組むことのできる女性リーダーを育成する。大学院での勉強の準備教育にも力を入れる。女子大らしく小ぢんまりとして家族的な雰囲気のキャンパスでは、あくまでも学業第一。1年次にはゼミ形式の授業を通して分析力と文章力を養う。教授陣の評判はとてもよく、学生は教室内外で親身な指導を受けられるほか、教授の研究に携わったり、教授と1対1で独自の研究を行ったりできる。近隣の University of Pennsylvania、Haverford College、Swarthmore College と提携していて、これらの大学でも授業を履修できる。アート、美術史、古典学、ギリシャ語、ラテン語の分野に強い。生物学、English、歴史学が人気の専攻分野。卒業生の多くがメディカルスクールや博士課程を含む大学院へ進学し、人文科学の分野での博士課程進学者の割合は全米で屈指。

Social Life

勉強があまりにもたいへんなため、図書館から出る暇もないほどで、キャンパス内でのパーティは頻繁ではない。一般的な息抜きは「おしゃべり」であるようだ。近隣の Haverford や Swarthmore の男子との交流も楽しみの一つにあげられよう。わずか15分で出られるフィラデルフィアでの文化、スポーツイベントに参加する機会には事欠かない。

Admissions

全米で最も入学のむずかしい女子大の一つであるこの大学の入学基準は、高校の成績やテストスコアなど数字で測れる要素だけでなく、エッセー、推薦状、課外活動の内容が同等、あるいはそれ以上に重視される。面接もとても大切だ。

Carleton College

Office of Admissions, Carleton College, 100 S. College Street, Northfield, MN 55057-4016

TEL 507-222-4190　FAX 507-222-4526

E-mail：admissions@carleton.edu

HP：http://www.carleton.edu/

創立年	1866 年
授与学位	B
種類	リベラルアーツ・カレッジ
キャンパス面積	955 エーカー
近隣都市までの所要時間	ミネアポリスまで車で約 45 分
大学生数と男／女比	約 2,000 人　　48／52％
人種別比	N.A.:1％　中南米系:5％　A.A.:5％　アジア系:10％
在学生の各種割合	州外からの学生の割合：71％　留学生の割合：7％
学費と寮費＆食費	約 43,500 ドル　　約 11,500 ドル
願書締切日	1 月 15 日
図書館の蔵書数	約 66 万冊
TOEFL®テストの要求点数	100
SAT®テストの得点平均域	CR：650-750　M：650-750　W：650-740
合格率	31％

著名な卒業生：ピアス・バトラー（最高裁判所判事）、マイケル・アーマコスト（元駐日大使）、バリー・オズボーン（映画プロデューサー）、ジェーン・ハミルトン（作家）、ジョナサン・ケープハート（ジャーナリスト）、ジェフ・バーグランド（著作家、タレント）

Profile

　ニューイングランド地方のすぐれたリベラルアーツ教育を、ミネソタ州地域でも提供することを目的として設立された、中西部有数のリベラルアーツ・カレッジ。いかにも小規模のリベラルアーツ・カレッジらしく、教授、職員、学生みんながフレンドリーで、在学中に顔見知りにならない人はいないほど。日本での知名度が低いのはもちろん、アメリカでも知る人が少ないため、「隠れた名門」として高レベルの教育を保ち続けている。

Academic Life

　珍しく3学期制をとる大学で、1学期には三つのクラスを集中的に履修する。学生たちの勉強熱心さは有名で、「まるで狂ったように」勉強すると形容されるほど。そのため大学の名声はその学生に帰するところが大きいとされるが、それに応える教育熱心な教授たちの評価もとても高い。学生がある科目を通り一遍に学ぶのではなく、学際的、多角的に学び、学問の本質を修得できるよう、教授側は学生たちの知的好奇心を刺激する努力を怠らない。*US News & World Report*誌に「最も教育熱心」と評価されたのがここの教授たちだ。あくまでも全人教育に主眼が置かれている。生物学、English、政治学が人気の専攻分野。音楽のプログラムも秀逸だ。学生の3分の2が留学プログラムに参加するのも、いかにもリベラル。4年次には学習の総決算として、"Comps"（Comprehensive Project：卒業プロジェクト）が義務づけられている。

Social Life

　冬は極寒で雪に閉ざされるほか、田舎に位置するため、娯楽はまったくと言っていいほどない。学生たちは自分を楽しませるための工夫を強いられる。しかも寮生活は4年間義務づけられているため、キャンパスに釘づけになる覚悟が要る。大学側は、そんな哀れな学生たちのために、映画を上映したり、演劇を催したり、パーティを開いたり、さまざまなイベントを企画する。

Admissions

　志願者の数は増える一方とはいえ、未だ「隠れた名門校」であるだけに、志願者は比較的少ない。そのため成績優秀で、リベラルアーツ教育を望むならば、チャレンジするだけの価値はあるだろう。高校の成績とSAT®/TOEFL®スコアが最重視される。

Claremont McKenna College

Office of Admission, Claremont McKenna College, 890 Columbia Avenue, Claremont, CA 91711
☎ 909-621-8088　FAX 909-621-8516
E-mail：admission@cmc.edu
HP：http://www.cmc.edu/

創立年	1946 年
授与学位	B
種類	リベラルアーツ・カレッジ
キャンパス面積	50 エーカー
近隣都市までの所要時間	ロサンゼルスまで車で約 30 分
大学生数と男／女比	約 1,300 人　　55／45％
人種別比	N.A.:0％　中南米系:9％　A.A.:3％　アジア系:12％
在学生の各種割合	州外からの学生の割合：58％　留学生の割合：6％
学費と寮費＆食費	約 42,500 ドル　　約 14,000 ドル
願書締切日	1 月 2 日
図書館の蔵書数	約 200 万冊
TOEFL®テストの要求点数	100
SAT®テストの得点平均域	CR：640-740　M：660-740　W：N／A
合格率	17％

著名な卒業生：デビッド・ドレイヤー（政治家）、ポール・ブリックマン（映画監督）、レイ・ドラモンド（ジャズ奏者）、ローラ・S. サイモン（ドキュメンタリー映画作家）

Profile

　カリフォルニア州の五つのリベラルアーツ・カレッジからなる Claremont Colleges 群の一校（残りの四校は Harvey Mudd College、Pitzer College、Pomona College、Scripps College）で、これら五つの大学の中でもとくに経済学、ビジネス、政治学、国際関係学、経営学、公共政策学にとくに強い。実践的な教育をするのが特徴で、ビジネス、コンサルティング、政治など、それぞれの実社会でリーダーシップをとれる人材を養成する。

Academic Life

　実社会のリーダーたるべく自主性、独創性、分析力の養成に力を入れる。小規模編成のクラスは、教授と学生との活発な知的交流の場として展開され、学生たちは建設的で明晰な発言をすることが求められ、学生同士、学生と教授との意見の応酬はとてもダイナミックだ。カリキュラムはオーソドックスで、一般教養、専攻、選択がそれぞれ３分の１ずつを占める。成績評価が厳しいので知られ、Aをとるのは至難のワザだ。留学プログラムに参加する学生も多く、またワシントンD.C.でのインターンシッププログラムも評判。Claremont Colleges の他の四校の授業を履修することもできる。キャンパス内の研究施設では教授の研究に携わることもあり、リベラルアーツ教育と、実践的・専門的教育がミックスされているのが一番の特徴であるといえよう。

Social Life

　課外サークルの種類は豊富で、学生たちの多くが、スポーツ、芸術、ボランティアなど複数のサークルでの活動に積極的に参加する。Claremont Colleges 五大学間の交流も活発だ。とくにボランティア活動は大学を挙げて力を入れる。フラタニティ、ソロリティをもたないこのキャンパスでの社交の中心はキャンパス内、とくに寮生活にある。パーティも寮において催されることが多い。

Admissions

　高校の成績、課外活動、SAT®/TOEFL®スコアがとくに重視され、ほかにはエッセーや推薦状など。とくに成績においては高３のときの成績が、そして課外活動での活躍とリーダーシップをいかに発揮したかが重要とされる。

Colby College

Office of Admissions and Financial Aid, Colby College, 4800 Mayflower Hill, Waterville, ME 04901-8848
℡ 207-859-4800　FAX 207-859-4828
E-mail：admissions@colby.edu
HP：http://www.colby.edu/

創立年	1813年
授与学位	B
種類	リベラルアーツ・カレッジ
キャンパス面積	714エーカー
近隣都市までの所要時間	ボストンまで車で約3時間半
大学生数と男／女比	約1,850人　　46／54％
人種別比	N.A.：1％　中南米系：3％　A.A.：3％　アジア系：8％
在学生の各種割合	州外からの学生の割合：79％　留学生の割合：5％
学費と寮費＆食費	約54,000ドル（学費・食費・寮費の合計額）
願書締切日	1月1日
図書館の蔵書数	約35万冊
TOEFL®テストの要求点数	100
SAT®テストの得点平均域	CR：630-710　M：620-710　W：620-715
合格率	34％

著名な卒業生：ドリス・K. グッドウィン（ピュリッツァー賞受賞作家）、アラン・テイラー（ピュリッツァー賞受賞作家）、グレゴリー・W. スミス（作家）、ロバート・B. パーカー（作家）、ブルース・H. ランバート（経営管理学博士）

Profile

　東アジア研究で有名なこのリベラルアーツ・カレッジは、全米で最も早くからマイノリティや女子学生を受け入れた大学の一つでもある。また全米で初めて大学基盤の奴隷制度反対協会を設ける（1883年）など、「リベラルで革新的」な校風は今に受け継がれている。在学生が「全米で最も幸せな学生たち」としばしば形容されるのは、そのすぐれたカリキュラムや教授陣のみならず、全米有数の美しい自然に抱かれたキャンパスにもよるものだ。近年はとくに学生の多様化に前向き。

Academic Life

　教授と学生はファーストネームで呼び合うほどの親密さで、学生同士も競争するのではなくお互い助け合い刺激し合いながら、学業生活をとても楽しく、前向きに充実させている。伝統的でオーソドックスなカリキュラムの中にも、たとえば"Jan Plan"では、1月の1か月間、学生たちの選択による自由研究、課外研修——インターンシップに従事するなど、さまざまな学習機会が提供されている。留学プログラムに参加する学生も多い。近年設けられた"Oak Institute for the Study of International Human Rights"では、ゲスト講師を招き人権について学ぶ。人気の専攻分野は生物学、English、政治学、経済学など。自然を存分に生かしたすぐれた環境学のプログラムも人気が高い。

Social Life

　寮生活は多様性が重視され、ほとんど全ての寮が男女共用で、学年も1年生から4年生まで一緒に住んでいる。共通の興味・関心を持った学生が1つの寮に集まるという"Dialogue Housing"というシステムが2005年に始まった。たとえば、環境に関心を持つ学生が住む"Green House"、スペイン語、音楽やアートがテーマの寮もある。とくに、スポーツ施設がニューイングランド地方の大学の中では最も充実している。ウィンタースポーツが盛んで、キャンパス内にクロスカントリースキーのコースがあるほど。地域との交流、コミュニティへの貢献が重視されている。

Admissions

　高校での成績が最重視される。SAT®/TOEFL®スコア提出が義務づけられていて、留学生には100以上のTOEFL®スコアが求められる。ニューイングランド地方出身の白人学生が集まりがちなので、マイノリティ、留学生というのは学生の多様化のために、かえってやや有利であるかもしれない。

Harvey Mudd College

Office of Admission, Harvey Mudd College, 301 Platt Boulevard, Claremont, CA 91711
TEL 909-621-8011　FAX 909-607-7046
E-mail：admission@hmc.edu
HP：http://www.hmc.edu/

創立年	1955年
授与学位	B、M
種類	リベラルアーツ・カレッジ
キャンパス面積	33エーカー
近隣都市までの所要時間	ロサンゼルスまで車で約45分
大学生数と男／女比	約780人　64／36％
人種別比	N.A.:1％　中南米系:7％　A.A.:1％　アジア系:20％
在学生の各種割合	州外からの学生の割合：58％　留学生の割合：4％
学費と寮費＆食費	約43,000ドル　　約14,000ドル
願書締切日	1月2日
図書館の蔵書数	約320万冊
TOEFL®テストの要求点数	100
SAT®テストの得点平均域	CR：670-760　M：740-800　W：670-760
合格率	23％

著名な卒業生：リチャード・ジョーンズ（大使）、ジョージ・"ピンキー"・ネルソン（宇宙飛行士）、マイケル・ウィルソン（映画監督）

Profile

　五つの大学から成る Claremont Colleges のうちの1校で、理工系の専門大学（ほかの4校は Claremont McKenna、Scripps、Pomona、Pitzer）。「隠れた名門大学」とも呼ばれるこの大学では、学生の1日の平均勉強時間が4時間以上、まさに理系エリートたちの集まりだ。徹底的な少数精鋭を貫き、工学一点張りではなく、人文・社会科学の必修を設け、よりバランスのとれた、視野の広い科学者、エンジニアの育成を目指す。卒業生の博士課程進学率は全米で屈指だ。

Academic Life

　「理工系のリベラルアーツ・カレッジ」と称されるこの大学は、工科系であるにもかかわらず、理系「以外」の科目、とくに人文科学や社会科学の必修が厳しいのが特徴。学生による教授陣の評価がとても高く、単に科学者として優れているばかりでなく、教育者として、学生の指導に心血を注ぐ。またコンピュータ施設の充実度も特筆に価する。すべての学生が最低1年間は研究に従事し、その研究内容が全米的な雑誌に採り上げられることもしばしば。3・4年生が携わる、実際の産業界の顧客のためにプロジェクトを実践する "Clinic Program" は 1963 年に始まり、今や他の大学にも取り入れられ、世界的にも認知されている。このプログラムを通じて過去に約 1,300 のプロジェクトが完遂し、プロジェクトから生じた知的所有権はそのまま会社が保持している。

Social Life

　科学者、エンジニアの卵の集まりは、古い言い回しではガリ勉の集まりでもある。「あまりに勉強に忙しすぎて、遊んでいる暇などない」と在学生。そもそも勉強が大好きで、しかも好きなことを目いっぱい勉強しているのだから、それだけでハッピーなのだ。ロサンゼルスに近いが、それほど在学生の興味を引かないようである。勉強の息抜きに、"DonutMan" という苺ドーナツで有名な店で買い食いするのが定番。男子が7割近くを占めるが、通り一つ隔てた女子大 Scripps College の女子学生たちとの交遊は日常的だ。

Admissions

　高校の成績、SAT®/TOEFL®スコアが重視される。できて当り前の世界で、とくに理系科目はオール5が、SAT®テストでも数学セクションのハイスコアが望まれる。出願プロセスを愉快に、フレンドリーにする努力を惜しまないのが特徴。学生の多様化に前向きで、女子のほうがやや優遇されるかもしれない。

Haverford College

Office of Admission, Haverford College, 370 Lancaster Avenue, Haverford, PA 19041-1392
☎ 610-896-1350   FAX 610-896-1338
E-mail：admission@haverford.edu
HP：http://www.haverford.edu/

創立年	1833 年
授与学位	B
種類	リベラルアーツ・カレッジ
キャンパス面積	200 エーカー
近隣都市までの所要時間	フィラデルフィアまで車で約 15 分
大学生数と男／女比	約 1,200 人　　45 ／ 55％
人種別比	N.A.:0％　中南米系 :8％　A.A.:8％　アジア系 :9％
在学生の各種割合	州外からの学生の割合：78％　留学生の割合：3％
学費と寮費＆食費	約 42,500 ドル　　約 13,000 ドル
願書締切日	1 月 15 日
図書館の蔵書数	約 40 万冊
TOEFL®テストの要求点数	100
SAT®テストの得点平均域	CR：650-740　M：650-750　W：660-750
合格率	26％

著名な卒業生：ジェラルド・M. レヴィン（タイムワーナー社会長）、ジョセフ・テイラー（ノーベル物理学賞受賞者）、ノーマン・パールスティン（元 Time 社編集長、ブルームバーグチーフコンテントオフィサー）、松浦晃一郎（元ユネスコ事務局長）

Profile

バランスのとれた全人教育を主眼とするクェーカー教系のリベラルアーツ・カレッジで、長く隠れた名門校としてその存在が知られずにいた。すぐれたリベラルアーツと医学予科（pre-medicine）のプログラムに定評がある。教授の4分の3がキャンパス内で学生と共に暮らす学びの環境は、全寮制ならでは。学生の道徳観を尊重する Honor Code により、学業面、社交面すべてにわたる学生生活における行為は監視されず、学生の自主規制と自己責任に任されている。期末試験は持帰り、社交においては互いを尊重し合う、などがその実践例だ。だが、不正行為が発覚すれば、即、退学になる。

Academic Life

小規模リベラルアーツ・カレッジの特徴——充実した一般教養教育、小規模クラス、教授と学生との密な交流、分析力と文章力の養成——をすべて兼ね備える。教授たちは教育熱心で、個々の学生の最大限の可能性を引き出すことに努め、ただ教えるのではなく、自分自身で考え、分析し、解決方法を見いだすことを促す教育をする。クラスは小さくディスカッションが中心となるため、そのための予習を怠るとたいへんなことになる。勉強のたいへんさは全米でも有数で、「津波に襲われる」錯覚を起こすこともあるとか。人気の専攻分野は生物学、English、政治学。

Social Life

半数以上の学生が何らかのスポーツ活動に参加し、とくにクリケットのチームは全米でトップ。学生サークルは約145あり、中には「笑いクラブ」なんていうのもある。またアカペラグループに人気が高い。ほぼすべての学生が寮に住み、しかも一人部屋がほとんど。

Admissions

高校の成績が最重視され、オールAに近い成績をとっているのを前提として、さらに「Haverfordへ貢献できる人材」が求められるため、スポーツや音楽、ボランティアなど課外での活躍がめざましいと、かなりプラスに働く。編入率は全米でも最も低い大学の一つで、編入生はほとんどとらず、例年10人前後。

Middlebury College

Admissions Office, Middlebury College, The Emma Willard House, 131 South Main Street, Middlebury, VT 05753
TEL 802-443-3000   FAX 802-443-2056
E-mail：admissions@middlebury.edu
HP：http://www.middlebury.edu/

創立年	1800年
授与学位	B、M、D
種類	リベラルアーツ・カレッジ
キャンパス面積	350エーカー
近隣都市までの所要時間	バーリントンまで車で約30分
大学生数と男／女比	約2,500人　　49／51％
人種別比	N.A.:0％　中南米系:5％　A.A.:4％　アジア系:9％
在学生の各種割合	州外からの学生の割合：81％　留学生の割合：11％
学費と寮費&食費	約54,000ドル（学費・食費・寮費の合計額）
願書締切日	12月31日
図書館の蔵書数	約85万冊
TOEFL[R]テストの要求点数	103 (平均)
SAT[R]テストの得点平均域	CR：640-740　M：650-740　W：650-750
合格率	17％

著名な卒業生：ロバート・スタフォード（政治家）、ドナルド・M.エルマン Jr.（元 Sports Illustrated 社長）、チャールズ・モフェット（美術史家）、マイケル・トルキン（作家）、ウディ・ジャクソン（画家）、ジュリエット・ランバート（歌手、女優）

Profile

　1823年、アメリカで最初のアフリカ系アメリカ人が学士号を取得したのがこの大学。伝統を踏まえながら、あくまでもリベラルで時代に即した教育がなされる。「世界一美しい」としばしば形容されるキャンパスは、学びの環境として最適だ。そしてそのすばらしいロケーションこそが、全米でトップレベルの高い教育水準に加えて、この大学の大きな魅力となっている。

Academic Life

　教育の力点は、とくに分析力と批判力、文章および口述による表現力、過去から現在に至る文理両面の文化に対する鑑賞力、それら能力の養成に置かれている。教授の教育熱心さとアクセスのしやすさは全米でも高い評価を得、中には夜中でも学生の勉強のために手助けを惜しまない教授もいるとか。勉強量はとても多く、1日の平均勉強時間は4時間にのぼる。人気の専攻分野はEnglish、国際学、経済学、環境学など。文学、言語学、作文、外国語、演劇のプログラムにも定評がある。夏に行われる日本語を含めた八つの外国語を学べるプログラムは、その高いレベルとバラエティの豊かさで全米的に有名。"Winter Term"という冬の1か月だけの短い学期には、ある一つの科目を重点的に学ぶ。

Social Life

　山と湖に囲まれた緑豊かなキャンパスでは、活動的な学生たちがのびのびと自然を満喫している。ウィンタースポーツがとても盛んで、スキーとアイスホッケーの強豪校。キャンパスの近くには、1,800エーカーという広大な大学所有のオリンピック競技場級の立派なスキー場があり、学生のみならず教授も頻繁に利用する。

Admissions

　長く「アイビーリーグ校のすべり止め」としてとらえられがちだったが、今では入学難度はアイビーリーグ校に勝るとも劣らない。学力、どれだけのことを達成してきたか（achievement）、コミュニティ活動、リーダーシップ、性格、その他人格面での特性、以上六つの点が審査され、合否が決められる。とくに高校での成績は何よりも重視される。多種多様なバックグラウンド、ユニークな人材が求められるので、留学生はやや有利かもしれない。

Mount Holyoke College

Office of Admission, Mount Holyoke College, 50 College Street, South Hadley, MA 01075-1488

TEL 413-538-2023　　FAX 413-538-2409

E-mail：admission@mtholyoke.edu

HP：http://www.mtholyoke.edu/

創立年	1837年
授与学位	B、M
種類	リベラルアーツ・カレッジ
キャンパス面積	800エーカー
近隣都市までの所要時間	ボストンまで車で約2時間
大学生数と男／女比	約2,300人　　0／100％
人種別比	N.A.:0％　中南米系:6％　A.A.:6％　アジア系:10％
在学生の各種割合	州外からの学生の割合：63％　留学生の割合：20％
学費と寮費＆食費	約42,000ドル　　約12,500ドル
願書締切日	1月15日
図書館の蔵書数	約91万冊
TOEFL®テストの要求点数	100
SAT®テストの得点平均域	N／A
合格率	52％

著名な卒業生：エレイン・チャオ（第24代労働省長官）、ウェンディ・ワサースティン（脚本家）、エラ・グラソン（全米初の女性州知事）、スーザン・L.パークス（脚本家）、エミリー・ディキンソン（詩人）、ナンシー・グスタフソン（オペラ歌手）、天達文子（教育者）

Profile

全米初の女子大で、セブンシスターズに名を連ねる名門校。伝統あるリベラルアーツ教育が受け継がれていて、将来、社会に貢献できる女性リーダーの養成を主眼とする。社会奉仕が一つのキーワードであり、ボランティア活動が推奨されている。4分の3もの学生が奨学金を得ているのも特筆に値しよう。つまり大学側は優秀な女子学生を集めるためにそれだけの投資を惜しまないということである。

Academic Life

コンピュータスキル、外国語、文章力に重点が置かれている。1クラスの学生数は少なく、授業はおもにディスカッションが中心となって進められる。教授と学生との交流は頻繁で、教授は厳しく、また教育熱心であることで定評がある。勉強量は相当に多く、うかうかすると落ちこぼれてしまいがちだが、やる気を見せている限り、必ず助けの手が差し伸べられる。そして何といっても優秀な教授陣、また勉強熱心なクラスメイトたちとの知的交流は、勉強すればするほど楽しさが増し、充実感を得られる最高の学びの環境が約束される。独自の研究やプロジェクトを行うことも推奨されている。生物学、English、心理学が人気の専攻分野。Amherst College、Smith College、University of Massachusetts - Amherst、Hampshire College との提携により、これらの大学での授業も履修できる。大学が勉学、キャンパス生活両面での監視をせず、学生の道徳心と自主性を尊重する Honor Code の存在も大きい。

Social Life

勉強がたいへんで遊んでいる暇などないというのが現状で、勉強も遊びも計画的に行われる。リラックスするにはおしゃべりが手っ取り早い。寮はとても住み心地がよく、また食事もすばらしい。社会・政治意識が強い学生が多いのが古くからの特徴で、ボランティアのほか、政治サークル、フェミニズムサークルなどの活動が盛ん。Dartmouth、Yale、Williams の男子学生との週末のデートにも長い伝統がある。

Admissions

高校の成績が最重視されるが、一人ひとりの出願書類が丁寧に吟味され、できるだけ多角的に出願者の能力を測る。何か際立つものをもっていること、独創性などをエッセーでアピールするのは有効だろう。面接も重視される。

Pomona College

Office of Admissions, Pomona College, Sumner Hall, 333 N. College Way, Claremont, CA 91711
TEL 909-621-8134　FAX 909-621-8952
E-mail：admissions@pomona.edu
HP：http://www.pomona.edu/

創立年	1887年
授与学位	B
種類	リベラルアーツ・カレッジ
キャンパス面積	140エーカー
近隣都市までの所要時間	ロサンゼルスまで車で約30分
大学生数と男／女比	約1,600人　　50／50％
人種別比	N.A.:0％　中南米系:11％　A.A.:9％　アジア系:14％
在学生の各種割合	州外からの学生の割合：65％　留学生の割合：4％
学費と寮費＆食費	約40,000ドル　　約13,500ドル
願書締切日	12月28日
図書館の蔵書数	N／A
TOEFL[R]テストの要求点数	100
SAT[R]テストの得点平均域	CR：680-780　M：700-780　W：690-770
合格率	15％

著名な卒業生：ジョン・ケイジ（作曲家）、リチャード・チェンバレン（俳優）、クリス・クリストファーソン（シンガーソングライター）、メアリー・シュミッツ（コラムニスト）、ジョージ・ウルフ（演出家、脚本家）

Profile

ニューイングランド地方のリベラルアーツ・カレッジをモデルとして創立された西部で最もすぐれたリベラルアーツ・カレッジの一校。五つの小さなリベラルアーツ・カレッジから成る Claremont Colleges 群の一校で（他の四校は Claremont McKenna College、Harvey Mudd College、Pitzer College、Scripps College）、五校中最も歴史がある。学生はこれら Claremont Colleges のいずれの大学でも授業を履修することができる。なお"Pomona"とはローマ神話の豊穣の女神の名で、創設者たちはそれがまた「ワインの女神」でもあったことを念頭に入れなかったという逸話がある。ちなみにアルコールはキャンパス内ではご法度。

Academic Life

人文科学系の科目に強く、とくに English やメディア学が有名。ほかにも心理学、国際関係学、生物学、歴史学、政治学、経済学などに人気が高い。日本語や中国語の専攻もある。大学課程としては珍しい公共政策分析という専攻も学際プログラムとして提供されている。10〜12人からなる典型的なクラスでの授業はディスカッションが多く取り入れられ、教授の指導もパーソナルで丁寧。勉強はとてもたいへんで、いずれのクラスにおいても読書量、作文量はハンパじゃなく多い。とくに文章力の養成にとても力が入れられている。そんな勉強熱心な学生のために、週に4回10:30に夜食が出される。

Social Life

寮、スポーツ施設、図書館はいずれもすばらしく、キャンパスをユートピアにたとえる学生もいるほど。寮生活をとおした学生同士の交流は生涯における宝物になることは間違いない。"Sponsor Groups"というシステムは、16〜20人の新入生を2名の上級生がいろいろと面倒をみるシステムで、グループで行動し、さまざまな事柄にあたる。スポーツは、施設が充実していることもあってとても盛ん。ロサンゼルスに近いが、ダウンタウンでの移動に車は不可欠だ。

Admissions

性格／人格的要素、エッセー、課外活動、面接、推薦状、高校での成績、SAT®/TOEFL®スコア、特別な才能など、多角的に出願者を審査する。自作自演のビデオなどで個性をアピールするのもいいだろう。

Smith College

Office of Admission, Smith College, 7 College Lane, Northampton, MA 01063
TEL 413-585-2500 FAX 413-585-2527
E-mail：admission@smith.edu
HP：http://www.smith.edu/

創立年	1871 年
授与学位	B、M、D
種類	リベラルアーツ・カレッジ
キャンパス面積	125 エーカー
近隣都市までの所要時間	ボストンまで車で約 2 時間
大学生数と男／女比	約 2,600 人　0 ／ 100％
人種別比	N.A.:1％　中南米系 :7％　A.A.:7％　アジア系 :13％
在学生の各種割合	州外からの学生の割合：74％　留学生の割合：8％
学費と寮費＆食費	約 40,500 ドル　　約 13,500 ドル
願書締切日	1 月 1 日
図書館の蔵書数	約 130 万冊
TOEFL®テストの要求点数	98 (平均)
SAT®テストの得点平均域	N ／ A
合格率	47％

著名な卒業生：マーガレット・ミッチェル（作家）、ナンシー・レーガン（第 40 代大統領夫人）、バーバラ・クーニー（童話作家）、グロリア・スタイネム（Ms. 誌の生みの親）、フラン・P. ホスケン（フェミニスト作家）、シルヴィア・プラス（詩人）、リンドバーグ夫人（作家）、マザー・メリー・ジョセフ（メリノール女子修道会創設者）、ベティ・フリーダン（フェミニスト）、渋谷亜希（女優）

Profile

近隣のAmherstやYaleなどの大学と同様の高いレベルの教育を女子学生に提供することを目的として創立された全米最大の女子大で、セブンシスターズの一校。他の多くのリベラルアーツ・カレッジ同様、Honor Codeが導入されていて、学生の自己責任、道徳観が尊重されている。勉強熱心で積極性があり、行動力にあふれる女子学生が集まり、とくに女性学、フェミニズムの研究、活動が盛んで、著名な女性学者、フェミニストが多くこの大学を卒業している。その他各界で活躍する卒業生は世界に広がり、アメリカ及び100か国以上に100もの同窓会があるのは、学生と大学との結びつきの強さをうかがわせる。

Academic Life

カリキュラムは柔軟性に富み、選択の幅が大きいのが特徴。インターンシップの機会も豊富で推奨されている。学生の自尊心を重んじ、教授たちは学生の意見、見解を引き出す教育をし、卒業後、自信あふれる女性リーダーとして活躍できる人材を育てる。教授陣の半数が女性であるというのも、学習に専念し、意欲が高まる一因となっているようだ。「悪夢」と形容されるほど勉強量はハンパじゃないことを要覚悟。政治学、心理学、アート、Englishが人気の専攻分野。図書館は、リベラルアーツ・カレッジでは最大級を誇る。Amherst College、Hampshire College、Mount Holyoke College、University of Massachusetts - Amherstとの提携によりこれらの大学でも授業を履修できる。

Social Life

女子大らしい小ぢんまりとしたアットホームな雰囲気の中での寮生活はとても過ごしやすい。寮の建物は30以上を数え、規模や部屋のスタイルはバラエティに富んでいる。建物はビルというよりも大きな「家」に近く、家ごとの結束がとても強いのが特徴。学生サークルではレズビアン運動グループがとても活発だ。Amherst Collegeなど近隣の男子学生とのデートも週末のポピュラーなアクティビティとして挙げられる。

Admissions

高校での成績、SAT®/TOEFL®スコアが最重視され、面接も同様に大きな審査対象である。エッセーや課外活動、推薦状を通して、多様な価値観を受け入れる柔軟性とオープンな考え方をアピールできるといい。

Swarthmore College

Admissions Office, Swarthmore College, 500 College Avenue, Swarthmore, PA 19081
TEL 610-328-8300 FAX 610-328-8580
E-mail：admissions@swarthmore.edu
HP：http://www.swarthmore.edu/

創立年	1864 年
授与学位	B
種類	リベラルアーツ・カレッジ
キャンパス面積	357 エーカー
近隣都市までの所要時間	フィラデルフィアまで車で約 30 分
大学生数と男／女比	約 1,550 人　　48／52％
人種別比	N.A.:1％　中南米系:11％　A.A.:10％　アジア系:16％
在学生の各種割合	州外からの学生の割合：81％　留学生の割合：7％
学費と寮費＆食費	約 41,500 ドル　　約 12,500 ドル
願書締切日	1 月 3 日
図書館の蔵書数	約 75 万冊
TOEFL[R]テストの要求点数	N／A
SAT[R]テストの得点平均域	CR：670-760　M：670-770　W：680-770
合格率	16％

著名な卒業生：モリー・ヤード（全米女性機構の創設者）、テッド・ネルソン（HTMLの開発者）、トマス・ウォルター・ラカー（『セックスの発明』の著者）、ジャスティン・ホール（ブロガーのパイオニア、WEB サイト「リンクス・フロム・アンダーグラウンド」の作者）、ロバート・ゼーリック（通商代表）、デビッド・ボルチモア（ノーベル医学生理学賞受賞者）、マイケル・デュカキス（政治家）

Profile

"Swat"と愛称されるこの大学の、フィラデルフィア郊外にあるキャンパスは美しく木々に囲まれ、しっとりと落ち着いた雰囲気をかもし出す。しかし一方で、とにかく「勉強がたいへん」ということで有名な大学でもあり、「勉強以外にすることがない」といっても過言ではない。当然、そうした環境を望むエリートたちが世界中から集まるのだ。

Academic Life

何よりも学問が優先されるキャンパスでの、教授と学生の信頼関係は全米でも随一。本当に学問を愛し勉強することを喜びとする学生と、彼ら以上に教育熱心な教授たちとの緊密な学問の交流と親密さはリベラルアーツ・カレッジならでは。最初の学期のクラスは、新入生たちへのプレッシャーを軽減するために、A〜FではなくPass/Failで成績をつける。学生たちは「いい成績をとる」ことよりも、「知的好奇心を満たす」ことにより真剣だ。クラスは小規模で、ディスカッション、質疑応答形式で行われるのが普通。経済学、政治学、Englishが人気の専攻分野で、とくにEnglishは全米的に有名。

Social Life

150の学生サークルがあり、一つひとつの規模は小さいが、ほぼすべての学生が何らかのサークルで活動する。食堂や屋外、寮生活においても、クラスで行われるようなディスカッションが繰り広げられるのは、いかにもSwarthmoreらしいところ。モットーとする質実剛健の表れか、すべての学生に「水泳試験」を課している。スポーツは盛んでNCAA Division Ⅲ。

Admissions

高校の成績、推薦状、SAT®/TOEFL®スコア、エッセーなどを重視するが、数字だけを頼りにせず、志願者一人ひとりの性格的な要素をも重要なポイントにする。課外活動、リーダーシップ性、特技、創造性、情熱、やる気などが推薦状やエッセーに反映されるといいだろう。「やらされているから」成績がよいのではなく、成績がよいことを前提として、校外での自発的な学習、リサーチへの参加、学術団体でのボランティアなどがプラスの要素となり、深く考慮される。

Trinity College

Admissions Office, Trinity College, 300 Summit Street, Hartford, CT 06106
TEL 860-297-2180   FAX 860-297-2287
E-mail：admissions.office@trincoll.edu
HP：http://www.trincoll.edu/

創立年	1823年
授与学位	B、M
種類	リベラルアーツ・カレッジ
キャンパス面積	100エーカー
近隣都市までの所要時間	ハートフォード市内に所在
大学生数と男／女比	約2,350人　　50／50％
人種別比	N.A.:0％　中南米系:6％　A.A.:6％　アジア系:6％
在学生の各種割合	州外からの学生の割合：78％　留学生の割合：5％
学費と寮費&食費	約44,500ドル　　約11,500ドル
願書締切日	1月1日
図書館の蔵書数	約99万冊
TOEFL[R]テストの要求点数	N／A
SAT[R]テストの得点平均域	CR：590-680　M：610-690　W：610-700
合格率	43％

著名な卒業生：ジョージ・ロイ・ヒル（映画監督）、エドワード・アルビー（脚本家）、ワード・ジャスト（作家）、ジョージ・ウィル（コラムニスト）

Profile

「教授と学生とのコラボレーション」が大きな特徴をなす、伝統あるすぐれたリベラルアーツ・カレッジ。学生が主体となって行う研究機会も珍しくない。他大学では大学院生でなければできないようなリサーチに、1年次から携わることも珍しくない。大学の位置する町 Hartford は、文化レベルが高く、リサーチやプロジェクトをするには最適の環境で、大学が主体となって、町のさまざまな機関と協力して行う研究姿勢は、マスコミにも高く評価されている。マーク・トウェイン記念館が管理する図書館は、トウェインの書簡を多く保管していることで知られる。

Academic Life

カリキュラムは柔軟性に富み、学生本位のカリキュラムづくりがされている。複数の分野を組み合わせて一つの専攻とする Interdisciplinary major をとる学生も多いが、これによって型にはまらない自由な教育機会が与えられるのが特徴。授業はディスカッション中心のものが多く、予習にかける時間は膨大になる。教授の評価、アクセス度ともに高く、お互いの協力姿勢が確立されている。学生の半数以上がインターンシップに参加する。芸術、人文科学の分野に定評があるほか、サイエンス、工学系の評価も高い。ユニークな専攻としてユダヤ研究やイタリア研究がある。リベラルアーツカレッジとしては珍しくエンジニアリングの専攻もできる。人気の専攻分野は社会学、歴史学、English、生物学など。

Social Life

勉強に追われる学生生活においては、学業と遊びとの両立がむずかしく、いずれにも偏らないための計画性が求められる。美しいキャンパスと Hartford の町はさまざまな学生サークル活動の機会を与えてくれる。とくにボランティア活動がさかんで、3割以上の学生が参加する。

Admissions

高校の成績、課外活動での活躍が重視される。学生の多様化に前向きで、マイノリティ学生が学びやすい大学として、しばしばマスコミに採り上げられているほどであるから、日本人留学生もその恩恵を被ることができる可能性はある。

Vassar College

Office of Admission, Vassar College, 124 Raymond Avenue, Poughkeepsie, NY 12604
TEL 845-437-7300 FAX 845-437-7063
E-mail：admissions@vassar.edu
HP：http://www.vassar.edu/

創立年	1861年
授与学位	B、M
種類	リベラルアーツ・カレッジ
キャンパス面積	1,000エーカー
近隣都市までの所要時間	ニューヨークまで車で約1時間半
大学生数と男／女比	約2,500人　　41／59％
人種別比	N.A.:0％　中南米系:7％　A.A.:6％　アジア系:11％
在学生の各種割合	州外からの学生の割合：66％　留学生の割合：7％
学費と寮費＆食費	約45,000ドル　　約11,000ドル
願書締切日	1月1日
図書館の蔵書数	約88万冊
TOEFL®テストの要求点数	100
SAT®テストの得点平均域	CR：670-740　M：640-720　W：650-740
合格率	24％

著名な卒業生：メリル・ストリープ（女優）、エリザベス・ビショップ（作家）、メアリー・マッカーシー（作家）、ジョン・テニィ（俳優）、大山捨松（日本人初の女性留学生の一人で、はじめて学士号を取得した）、エレン・スワロウ（環境学のパイオニア）、鶴見和子（社会学者）

Profile

　現在は共学だが、もとはセブンシスターズの女子大で、リベラルで革新的な教育をすることで知られる。創立者の Matthew Vassar は、酒造で財を築いたビジネスマンで伝説的な存在。全米で初めて体育、音楽、数学、化学などの分野で女性が教育を受け、卒業生の多くが女性リーダーのパイオニア的存在として各界で活躍している。Yale University からの合併の誘いを断り、自らが共学校として新生したのが1969年のことで、共学化に成功した全米で最初の女子大でもある。「変化し続ける」のが Vassar の最大の特徴だ。日本では大山捨松が学んだ大学として有名。

Academic Life

　カリキュラムは柔軟であくまでも学生主体。一般教養の必修科目が新入生のためのライティングセミナー、数学、外国語のみで、学生たちは1,000に及ぶバラエティに富んだ科目の中から自分の選択によって履修科目を決める。複数分野の科目を組み合わせて一つの学際的な専攻とする Interdisciplinary major をとる学生が多く、また学生独自の研究やプロジェクトも推奨されているほか、教授の研究に直接携わる機会も少なくない。創立以来、芸術教育に力を入れていて、全米で初めてキャンパス内に教育施設としての美術館を擁した大学でもある。クラスは小規模で、学生の積極的な発言が求められる。人気の専攻分野は English、心理学、アートなど。教授たちは教室内外で親身な指導にあたり、その8割がキャンパス内で学生と共に暮らす。

Social Life

　90以上を数える学生サークルはとても活動的で、学生たちは学業だけでなく課外活動においても忙しい日々を送る。「やることが多すぎる」とは Vassar の学生たちの嬉しい悲鳴だ。スポーツも盛ん。マンハッタンへは鉄道で出られる距離にあり、週末の娯楽には事欠かない。

Admissions

　学業成績が最も重視されるが、学生の多様化に努めていて、いわゆるお坊ちゃんお嬢ちゃんばかりに偏らないように多くの奨学金を与え、バラエティに富んだ人材を集める。入学生の6割は公立高校出身者。願書にある"Your Space"は、出願者が自由に個性をアピールする自由記入欄（絵を描く出願者もいるとか）だ。

Washington and Lee University

Office of Admissions, Washington and Lee University, 204 West Washington Street, Lexington, Virginia 24450
TEL 540-458-8710　FAX 540-458-8062
E-mail：admissions@wlu.edu
HP：http://www.wlu.edu/

創立年	1749 年
授与学位	B、M、F
種類	リベラルアーツ・カレッジ
キャンパス面積	322 エーカー
近隣都市までの所要時間	リッチモンドまで車で約 2 時間半
大学生数と男／女比	約 1,800 人　　50 ／ 50％
人種別比	N.A.:0％　中南米系 :2％　A.A.:3％　アジア系 :3％
在学生の各種割合	州外からの学生の割合：82％　留学生の割合：5％
学費と寮費＆食費	約 42,500 ドル　　約 11,000 ドル
願書締切日	1 月 3 日
図書館の蔵書数	約 91 万冊
TOEFL®テストの要求点数	N ／ A
SAT®テストの得点平均域	CR：650-730　M：660-730　W：640-730
合格率	19％

著名な卒業生：ジョセフ・ゴールドスタイン（ノーベル医学賞受賞者）、ビル・ジョンストン（ニューヨーク株式取引元社長）、デビッド・ロウ（宇宙飛行士）、ロジャー・マッド（ジャーナリスト）、トム・ウルフ（作家）、ウィリアム・ブロック（共和党元上院議員、第 18 代労働省長官）、ジョン・ワーナー（共和党上院議員）

Profile

初代大統領ジョージ・ワシントン（大学に、当時としては巨額の5万ドルを寄付）と、南北戦争で南軍の指揮をとったロバート・リー将軍の二人の名をとった歴史ある大学で、南北戦争後リー将軍自ら1870年に逝去するまで学長を務めた。Tradition、Honor、Integrity が創立以来の教育理念として受け継がれている。個人の道徳心と自尊心を尊重する Honor Code は、リー将軍が学長であったころから始められた伝統あるもので、学生の自治により、学業・社交面で学生を監視しない、カンニング、窃盗などの不正が発覚した場合は裁判にかけるなどの実践に表れている。また、教授、職員、学生同士が互いに尊敬しあい、すれ違う際には必ず挨拶をする"the speaking tradition"と呼ばれる伝統も健在。大学のキャンパスは、国から名所旧跡に指定された歴史と景観を誇る。

Academic Life

"University"と名のつくこのリベラルアーツ・カレッジでは、一般教養課程が充実していて、必修も厳しい。フレンドリーで家族的な環境、小規模のクラス編成、教育熱心な教授たち、等々、リベラルアーツ・カレッジならではのメリットをすべて併せもち、さながら「学問のユートピア」のようである。そして伝統的な Honor Code によりすべての施設は24時間オープン、テストも監視されない。学生たちは思い思いに自分のテストスケジュールを決め、また思い思いの場所でテストにとりかかる。無論、教え合ったり、カンニングなどをしたりしないという前提があるからのことだ。ビジネス、経済学、ジャーナリズムなどの分野に定評がある。ビジネス、経済学、歴史学が人気の専攻分野。リベラルアーツカレッジとしては珍しくロースクールがある。

Social Life

旧跡に指定されている荘厳なキャンパスでの寮生活はそれ自体が価値ある経験で、しかも1年次から一人部屋も望めなくない。普段は勉強に追われる学生たちも、週末には羽を伸ばすが、フラタニティのパーティが中心になる。スポーツは盛んで、とくにラクロス、陸上、ウォーターポロなどが強い。

Admissions

W&L の名声は昨今高まる一方で、それに伴い入学の難度も高くなっている。エッセー、推薦状、高校の成績が重視され、それぞれにハイレベルの内容が要求される。推薦者の人選からして慎重にかかるべきである。

Wellesley College

Office of Admission, Wellesley College, 106 Central Street, Wellesley, MA 02481
TEL 781-283-2270　FAX 781-283-3678
E-mail：admission@wellesley.edu
HP：http://web.wellesley.edu/

創立年	1870年
授与学位	B
種類	リベラルアーツ・カレッジ
キャンパス面積	500エーカー
近隣都市までの所要時間	ボストンまで車で約20分
大学生数と男／女比	約2,400人　　0／100％
人種別比	N.A.:0％　中南米系:7％　A.A.:6％　アジア系:25％
在学生の各種割合	州外からの学生の割合：76％　留学生の割合：9％
学費と寮費＆食費	約41,000ドル　　約13,000ドル
願書締切日	1月15日
図書館の蔵書数	約77万冊
TOEFL®テストの要求点数	N／A
SAT®テストの得点平均域	CR：640-740　M：630-740　W：650-750
合格率	33％

著名な卒業生：マデリン・オルブライト（元国務長官）、エリザベス・シュー（女優）、ダイアン・ソーイヤー（ジャーナリスト）、キャサリン・L.ベイツ（学者、作家）、ヒラリー・クリントン（国務長官）、マージョリー・S.ダグラス（環境保護論者）、アリ・マクグロウ（女優）、パメラ・メルロイ（宇宙飛行士）

Profile

アメリカ有数の女子大で、セブンシスターズの一校。緑豊かなキャンパスとゴシック建築の調和がすばらしく、キャンパスの美しさは全米でも随一。「女子」を対象とした教育の充実度は、アメリカ唯一の女性学研究所、そして創立以来、学長はすべて女性という伝統、さらに卒業生の各界での女性リーダーとしての活躍に表れている。世界を変えられるだけのパワーと教養をもつ女性を育てるのがモットーだ。

Academic Life

全米で常に五本の指に入るリベラルアーツ・カレッジでの教育の主体は「一人ひとりの学生」にある。カリキュラム編成も学生の声がよく反映され、近隣の MIT や Babson College、Brandeis University との提携や、1学期間を他校で学ぶことのできるシステムなど、さまざまな学習機会と学生主体の学習環境が整えられている。教授もそんな学生の声と要望に応えるべく、丁寧で親身な指導を心がけるため、学生の満足度はとても高い。柔軟なカリキュラムにおいては、ダブルメジャーをとる学生が多いのも特徴だ。学生一人ひとりへの、パーソナルな指導は、勉強熱心な学生たちの充実感と達成感を大きく育むだろう。人気の専攻分野は経済学、心理学、English など。

Social Life

女子大らしいアットホームな安心感のあるキャンパスでは、また「素晴らしい寮をもつ大学」としてしばしば紹介される大学だけあって、寮生活が社交の中心である。寮生同士のおしゃべりや勉強会、夜食づくりなど、家族的な雰囲気の中で、互いに助け合い協力し合う習慣が自然と身についていく。普段は勉強に忙しくて遊んでいる暇などないが、では週末はどうかというと、これもあまり期待できない。周囲の環境にはこれといった娯楽がなく、キャンパス内も静かでどこか俗界から孤立した感があるため、雄大な自然の中でのんびりと思索したり、ルームメイトと将来のことや悩みを話しあったり、というのがポピュラーな余暇の過ごし方になる。

Admissions

高校の成績、推薦状、課外活動、その他突出する才能や技能などを合否基準とする。女子大の中では、最も倍率が高く、入学がむずかしい大学の一つだ。

Wesleyan University

Office of Admission, Wesleyan University, 70 Wyllys Avenue, Middletown, CT 06459-0265
℡ 860-685-3000　FAX 860-685-3001
E-mail：admission@wesleyan.edu
HP：http://www.wesleyan.edu/

創立年	1831年
授与学位	B、M、D
種類	リベラルアーツ・カレッジ
キャンパス面積	120エーカー
近隣都市までの所要時間	ニューヨークまで車で約2時間
大学生数と男／女比	約2,850人　　49／51％
人種別比	N.A.:1％　中南米系:9％　A.A.:7％　アジア系:10％
在学生の各種割合	州外からの学生の割合：83％　留学生の割合：7％
学費と寮費＆食費	約44,500ドル　　約12,500ドル
願書締切日	1月1日
図書館の蔵書数	約130万冊
TOEFL®テストの要求点数	100
SAT®テストの得点平均域	CR：640-750　M：650-750　W：640-740
合格率	22％

著名な卒業生：トーマス・マックナイト（作家）、ロビン・クック（作家）、ジェイ・レヴィ（AIDS研究者）、デビッド・スキャグス（政治家）、ジョン・タートルトーブ（映画監督）、ジェラルド・バリレス（政治家）、ロバート・ハンター（元NATO大使）

Profile

　全米に約 20 ある"Wesleyan"と名のつく大学の、いわば総本山的存在だが、その存在はあまり知られておらず、隠れた名門校として、意図的に規模を小さく保ちながら質の高いリベラルアーツ教育を提供し続けてきている。大学のモットーは"Diversity University"で、多種多様な価値観を受け入れながら、革新的な校風をもつことで知られる。日本を含むアジア諸国から、それぞれ 1 名の留学生を選抜し、4 年間の学費を全額支給する奨学金システムがあるのも、その校風の表れといえよう。

Academic Life

　リベラルアーツ・カレッジの中では比較的規模の大きいこの大学は、またリサーチ設備やとくに図書館における研究資料の豊富さ、そして提供されている科目の多さでも際立った存在である。教授の評価は研究者として、また教育者としてもとても高く、好奇心旺盛で勉強熱心な学生たちとの知的交流はとてもダイナミックで頻繁だ。美術系、人文科学系の分野に強く、美術系では西アフリカンダンス、世界音楽などのクラスがポピュラー。また民族音楽学、とくにインドとインドネシア民族の音楽研究は、世界的に知られている。人気の専攻分野は経済学、政治学、English など。映画研究という専攻もあるが、リベラルアーツカレッジならではのカリキュラムが特徴。

Social Life

　9 割以上の学生が寮に暮らし、社交生活も寮生活から始まる。パーティ、観劇、映画鑑賞、スポーツ、あらゆる娯楽、活動の場がキャンパス内で用意されている。とくにテーマ別に催されるパーティは頻繁で、行動的であればあるほど、参加できることは山のようにある。一方で大学の位置する町 Middletown は、あまりおもしろくないようで、キャンパス外で娯楽を探すにはかなりの遠出を強いられる。スポーツ施設の充実性はニューイングランド地方有数で、半数以上の学生が何らかのスポーツに参加する。

Admissions

　最近とくに人気の高い大学であるだけに、合格のハードルは高い。高校での成績が抜群にいいことはもちろんのこと、エッセーや面接を通してアピールできるだけの、一個の人間としての魅力がないと入学はむずかしい。全学費免除の審査には、日本での面接も含まれる。

Williams College

Office of Admission, Williams College, Bascom House, 33 Stetson Court, Williamstown, MA 01267
TEL 413-597-2211 FAX 413-597-4052
E-mail：admission@williams.edu
HP：http://www.williams.edu/

創立年	1793年
授与学位	B、M
種類	リベラルアーツ・カレッジ
キャンパス面積	450エーカー
近隣都市までの所要時間	ボストンまで車で約3時間
大学生数と男／女比	約2,050人　　48／52％
人種別比	N.A.:0％　中南米系:10％　A.A.:10％　アジア系:11％
在学生の各種割合	州外からの学生の割合：78％　留学生の割合：7％
学費と寮費＆食費	約43,500ドル　　約11,500ドル
願書締切日	1月1日
図書館の蔵書数	約93万冊
TOEFL®テストの要求点数	N／A
SAT®テストの得点平均域	CR：660-770　M：650-760　W：N／A
合格率	20％

著名な卒業生：ゴー・チョクトン（シンガポール第2代首相）、ジェイ・マキナニー（作家）、スティーブン・ケース（AOL創始者）、ウィリアム・ベネット（元教育省長官）、ジョン・フランケンハイマー（映画監督）、ジェームズ・ガーフィールド（第20代大統領）、エリア・カザン（映画監督）

Profile

　全米でも１、２を争うこのリベラルアーツ・カレッジの最大の特徴は、多様な学生層にある。大学は、意図的に、ある人種やバックグラウンドに偏らないような学生編成をするため、とてもユニークな人材が全米、そして全世界から集結する。学生の満足度の高さはリベラルアーツ・カレッジ中でもダントツ。名門 Amherst College がここの卒業生によってつくられ、年来のライバル校になっているのは周知のことである。

Academic Life

　カリキュラムは一般教養が中心で柔軟性に富むため、ほとんどの学生が２年次の終わりまで専攻を決めずに、さまざまな分野の科目を履修しながら自分の適性を探る。人気の専攻分野は経済学、English、歴史学など。美術史と経済学で大学院課程が設けられていて、これらを専攻する学生は、４年次に大学院レベルの授業を履修することもできる。そもそも勉強熱心な学生たちばかりだが、彼らでさえが音を上げるほど勉強が大変。しかし学生のやる気に応え、さらなる意欲を促す教授たちの熱心さにより、勉強して得られる達成感、充実感は他のエリート校では見られないほど大きい。学生の、教授への評価は"Perfect"といわれるぐらい高い。秋学期と春学期に挟まれた１月に行われる"Winter Study"では、一つの科目（やや風変わりな授業が多い）を集中して学ぶ。留学プログラムも大人気だ。

Social Life

　山のふもとに位置するキャンパスはさながら陸の孤島のようで、閉ざされた、まさに秘境を思わせる。いわゆる都会的娯楽は望めないが、スポーツ、とくにスキーなどのウィンタースポーツのほか、学生主催のイベントやパーティなどが頻繁に催される。ハードな勉強からくるストレス発散のためにも、いかに自分を楽しませるかが、学生生活を乗り切るカギだといえよう。

Admissions

　全米で最も合格率の低い大学の一つである Williams への入学は、単に高校の成績が優秀で TOEFL®スコアが高いだけではむずかしい。何かほかの人にはない、ピカリと光る才能、個性、知性が求められる。

［3］
エリート校突破のABC

[3] エリート校突破のABC

エリート校に入る方法

●日本的な発想ではなかなか太刀打ちできない

アメリカに留学するのに、ハーバードなど超一流校を狙いたいと考える人がそれなりに多いのです。日本なら東大や慶應、早稲田を目指すということと同じように考えているのですが、日本で東大に入るのに十分な学力ありというのならまだしも、本当に入れるかどうかわからないとか、とてもとても、そのレベルではないと思われる人でも、親ともども、ハーバード、イェールを望まれると、カウンセラーは本当に困ってしまいます。

受験という一発勝負の形でなら東大に入れるとしても、アメリカの大学にはそうした一発勝負の受験などありませんし、いくら進学校に通っていたからといって、何よりも高校の成績が悪いと通用しません。また、面接もあるため、そう簡単にクリアできるものではありません。

超エリート校に入学を希望するアメリカ人および海外からの若者は、日本のように、集中力・記憶力・自己管理能力といった、ある一定の能力だけを試されるのではなく、全人格的能力を試されるものと理解しているため、学業のみならず、人間としてのセンス、教養、芸術への造詣が深く、体も鍛え、スポーツにも秀で、またボランティア活動にも積極的、といったようなことを十分に用意してくるのです。

●エリートの特性

教養のある両親や家族に恵まれ、ゆったりと自然に囲まれた暮らしをし（ニューヨークのような都会にいても週末は別荘で過ごします）、音楽や文学に親しみ、政治や経済について家族と議論をし、草花や昆虫や動物を愛し、夜空を眺め星を愛し、宇宙を想像し、水泳や野球やバスケットボールなど季節ごと

にスポーツを楽しみ、聖書を読み善意や正義について考え、知的好奇心にあふれ、勉学に励み、かつとても優秀。

または、貧困やヒドイ家庭環境にもめげず、勉学を好みボランティア活動にいそしみ、教会でピアノを弾き聖歌を歌い、子どもたちをキャンプに連れて行き、草花や昆虫の名前を教え、宇宙や大自然にロマンを思い、図書館からあらゆる本を借りて読み、公共のスポーツジムに通い、人間が何のために生きるかを思い、自分がどうしたら人類のために役にたてるかと考える。

あるいは、IQがあまりに高く、数学にたいへん優れ、自分が他人と違うことに悩みながらも、たくさんの本を読み、人の心を考え哲学や真理を追究し、体を鍛え、自分の能力をどのように人類のために役立たせるべきか、そのためにはどうするべきかを日夜考える。

とまあ、このような人たちがワンサと集まってきて、その中から選ばれていくわけです。

●日本人にも望みはある？

残念ながら、いまの日本では、以上に述べたような子どもを育てる教育はめったに行われていません。IQテストの結果も発表せず、目立てば叩かれ、へたに努力したり、人間とは何ぞやなんていったりしたらヘンな目で見られるといったような環境であり、また、音楽をするとなれば、ただただそればかり、スポーツをやればまた、これ克己の精神で朝から晩までスポーツばかりといった有様です。これではなかなか、全人格的な素養を求めるアメリカの超一流校に入るのに太刀打ちできる人間を育てるのはむずかしいのです。

さて、それでは、もうとてもムリなのかというと、そうではありません。日本の子がまったく能力がないかというとそうではなく、人間が本来もつあらゆる能力をちゃんと刺激されずに、あまり余計なことをせず、考えず、ともかくいい大学に行き、いい会社に入れとだけ命令されてきたため、いまのようになってしまっただけで、環境を整えてあらゆる能力を刺激すればいいわけです。

アメリカ人がエリート校に入学するのもなかなかむずかしいことですが、日本人にとってはもっと大変です。こういったエリート校は、倍率が高いのですが、それでも５倍程度です。日本の大学に比べるとオヤ？　と思うくらいです。アメリカの大学は入学してからがたいへん厳しいため、まず、ついていける可能性がなければあまり出願しないのです。

●エリート校が求める学生

　また、アメリカ人の中には、奨学金を多くもらえる大学であればランクを問わないという人もたくさんいますし、自分の生まれ育った州の中で一番いい大学に行こうという人もいます。大学院でいい大学に行こうという人もいます。
　ハーバード大学の医学部（大学院レベル）に大学から上がってくる人はさほど多くありません。医学部としては、全国の大学からトップクラスの学生を集めるほうがおもしろいと考えていますので、ハーバードの医学部を目指すのに必ずしもハーバード大学に来るとは限らないのです。
　また、自分の親が卒業した大学を好む人もたくさんいます。名前に○○ Jr. なんてついているように、ファミリーの歴史を大切にしたいという思いがとても強いのです。大学側も、卒業生の子弟を大切に考えます。本当に「人によりさまざま」のお国柄ですから、エリート校にすべての人が殺到するということはありません。
　こういったエリート校が学生に求めるのは、成績がバツグンに良いこと（5段階で最低でも 4.5 以上）、SAT®テスト（読解・数学・ライティングからなるアメリカ大学進学適性試験）の点数が高いこと、人間としての中身が濃くアイデアに富み、かつ論理的にエッセー（出願の際に提出する英作文）が書けること、課外活動にも秀でていること、高校などからとてもよい推薦状をもらっていることなどです。

●エリート校入学に求められる能力

　集中力と記憶力と自己管理能力がとてもすぐれている人たちがいます。実際、日本の受験でセンター試験というのがありますが、英語は 250 点満点で、トップレベルの人は 240 点とか 245 点とかいう点数を取りますが、こういう人がTOEFL®テストを受けると 80 〜 85 点くらいは出します。ほかの科目もまんべんなく取れるので、アメリカの SAT®テストでも、数学はやはり満点 800 点に近い点数が取れます。
　したがって、テスト的にはアメリカのエリート校を狙える範疇に入ってくるのですが、何といってもアメリカの大学は高校の成績や課外活動をとても評価します。また、推薦状やエッセー、面接もとても大切にしています。またエリート校には、そもそも SAT®スコアが満点に近いような人がいっぱい願書を出してくるので、SAT®の各セクションで 800 点取れていたところで、それがす

エリート校に入る方法

Princeton University（Photo by Mahlon Lovett）

ごいことでもないし、こうした大学に入学できるわけでもないのです。外国人といっても、英語で教育を受けた人がたくさんいる世界ですから、TOEFL®テストもSAT®の読解・ライティングもとても点数がいいというのは当り前です。

　アメリカ人は高校の成績が大切だということをよく知っているため、限りなくオールAに近い点数を出してきます。エッセーや推薦状も、それはユニークなものが多く、関心事や意見も、政治・経済から環境問題、人種問題にいたるまで多岐にわたっています。

　私の知っているアメリカ人で、日本に1年間交換留学をしていて、そのときの体験と、そのときのクラスメイト全員に自分の評価を書いてもらったものをまとめて、エッセー兼推薦状として提出してエリート校から入学許可をもらったという若者がいますが、こういったパフォーマンスも、とても大切です。なかなか日本人でそんなパフォーマンスができる人は少ないので、帰国子女でもない限り、入学はむずかしいということになります。

　ただアメリカの大学は、バランス、バラエティが好きなので、日本人の優秀な人が願書を出してきたら、おや？　と思って見てくれる可能性があります。SAT®の読解・ライティングは日本人が弱いところなので、これは数学を満点にしてTOEFL®スコアが高ければ、大目に見てくれる可能性はあります。成績は絶対によくないといけません。

　推薦状も必要ですから、日ごろから先生と仲良くしておいてください。

　エッセーでその人の物の見方を見ていますので、多角的に物を見る目を養う必要があります。たくさんの本を読み、いろいろなことに興味をもち、ボランティアにも積極的な人でなければなりません。

[3] エリート校突破のＡＢＣ

さて、帰国子女でない日本人がエリート校に1年生から入学するためには、次のようなことが求められます。

■エリート校に留学する日本人に求められる条件

- 成績が5段階で4.5以上ある
- TOEFL®スコアが100点以上ある
- クリエイティブなエッセーが書ける
- 課外活動（ボランティア、スポーツなど）をたくさんしていて、さまざまな場面でリーダーシップを発揮している
- 積極的な性格である
- パフォーマンスができる
- なぜ好きか、なぜよいかを具体的に説明できる
- 健康で、体力がある
- 歯並びがきれいである
- 集中力がある
- 精神的にバランスがとれている
- 意思決定の力がある
- 読書量が多い
- 書くことが好きである
- 論理的思考ができ、それを表現できる
- 物事や自分の実力を客観的に判断できる
- 謙虚である

◧日本人がエリート校に入る四つの方法

方法として次の四つが考えられます。
①直接エリート校に願書を出すことです。日本の高校でみんなが受験に走っている中を、一人留学の準備をするのはなかなかむずかしいことではありますが、やってやれないことではありません。
②高校3年間をアメリカのボーディングスクール（寮制の学校）に行くことです。そこは大自然に囲まれた広大なキャンパスで、集中力と記憶力と自己管理能力ばかりでなく、分析力と判断力と決断力を養成する、個人指導の行われている素晴らしい教育環境です。そこで教育を受けることによって、一流大学へ入るための人間をつくることが可能です。
③ごく普通のレベルのリベラルアーツ・カレッジに入って、そこで2年間学び、

3年生で一流大学の門をたたくことです。2年間ではちょっと短いような気もしますが、それでも、もともと能力のある人は、自分のあらゆる能力、日本で刺激されなかった能力をすべて、2年間で開花させることが可能です。

④普通のリベラルアーツ・カレッジに入ってそこを卒業し、大学院で一流大学に入学することです。これは、そんなにむずかしいことではなく、4年の間にしっかり能力を磨くことができます。

Smith College

さて、次にこの四つの方法でどんな例が当研究所であったかお話してみましょう。

■1日本の高校から直接エリート校に入るケース

Cさんは、都立の高校に通っていた、ごく普通の女の子でした。アメリカでの「自分探しができる」大学教育に魅力を感じ、アメリカ留学を思い立ったのですが、まだ自分が何をやりたいのかわからないし、ただ自分自身にチャレンジしてみたいという気持ちが強かったのです。

そんなCさんが入学したのはコネチカット州にある名門リベラルアーツ・カレッジ Wesleyan University です。面接による奨学金審査に見事パスし、何と4年間の全学費を出してもらえることになったのです。これは本当に快挙でした。

TOEFL$^®$スコアは100以上ありましたがSAT$^®$スコアはそこそこ、成績も5段階で4.2でしたから、バツグンに良いというわけではありません。合格の決め手は、エッセーとボランティアなどの課外活動、そして3人の先生からの推薦状により、彼女の人格の奥深さ、幅広さがアピールされた点にあったのです。そしてとくに Wesleyan University の Admissions の人は、「謙虚さ」を重視すると言っていました。自分の能力をいかに客観的に見つめられ、分析できるかが、カギになるのです。

■2高校留学してエリート大学に進学するケース

T君は、英語好きのお兄さんと同じ部屋で育った環境もあって、とても英語

[3] エリート校突破のＡＢＣ

ができる子でした。また、英語だけでなく学力も高く、学校の成績もバツグンでした。高校から留学したいという考えがあり、中学３年生からわが研究所で共に１年間かけて用意をし、いくつかのボーディングスクールに受かったのですが、その中から最もレベルの高い Middlesex School という学校を選びました。そこで３年間、文学、芸術、科学、スポーツのあらゆる分野を楽しみ、スタンフォード大学に入学したのです。

また、Ｎさんはバレーボールの選手としては日本でも１、２を争う中学生でした。そのために、毎日練習と試合、合宿で親にも会えないような生活を送る羽目になったのです。朝から晩まで１年365日バレーボール漬けの生活、親子ともども、ほかのことをするヒマもないあまりにヒドイ生活に、バレーボールから逃げたいと考えたのです。お父さんが海外との仕事がよくあることもあって、アメリカの高校でまったく違う、もっとのびのびした生活を送りたいと考えました。女子校という希望もあって、Westover School という女子校に入学しました。バレーボールはもうこりごりと考えていましたが、アメリカでは、スポーツはシーズン制のため、日本のように365日バレーボールをするなんてことはありません。彼女は自然に囲まれた環境で勉学とスポーツにいそしみ、ブラウン大学に入学。アイビーリーグのルーキーに選ばれたのです。

❸ リベラルアーツ・カレッジからエリート校に編入するケース

Ｈ君は、名門の都立高校を卒業後、人と違った道を歩みたいと考え、留学を目指しました。アメリカのこともよくわからないし、英語力も必ずしも高くないので、田舎の小さなリベラルアーツ・カレッジに行くことにしたのです。わが研究所で１年間の準備をし、いくつかの大学の中からニューヨーク州の田舎で（NYCから車で５時間）、１年に１度は熊が出るというような小さな町にある Elmira College に入学を決めました。リベラルアーツ・カレッジとしてはまずまず良いレベルの大学で、ここで彼は生まれて初めて勉強したと思ったくらいよく勉学に励み、読み、書き、考え、意見を言い、議論をし、見学をし、実地見聞をし、頭も体も目いっぱい動かしたのです。

そのおかげで、小さな大学では飽きたらずに、もっと大きな大学で自分を試してみたいと考え、いくつかのアイビーリーグに願書を出し、面接を受け、Cornell University と University of Pennsylvania に受かったのです。本人は、University of Pennsylvania に行くことに決めたのですが、あまり単位を認めてもらえません。アメリカで習った、自分の主張はちゃんとするということに従って学校側と交渉したところ、認められなかったいくつかの教科について各担当の先生が面接をしてくれることになったのです。

たとえば数学の先生は、ElmiraでのUniversity of Pennsylvaniaの数学のほうがレベルが高いはずだが、まずはテストをしようということになって受けたところ、見事パス（もともと日本人は数学の力は高いのです）。そのため単位は認めてもらえることになりました。音楽の先生は、「ではそこに座って」と言って、やおらピアノを弾きはじめました。「この曲はだれの曲？」「この曲についてきみは何を感じる？」など、いろいろな質問があり、彼が答えられずにいると、「わがUniversity of Pennsylvaniaの一般教養を終えた学生はこのくらいの芸術的教養はもち合わせている」と言われて、これは単位を認めない、など、たいへんおもしろい経験を経て、彼は、Elmiraで取得したうちの3分の2の単位をやっと認めてもらえることになり、その後2年半かかってUniversity of Pennsylvaniaを卒業しました。

アメリカのエリート女子大に行きたかった名古屋のK子さんは、学校の成績はとても良かったのですが、TOEFL®スコアが70から伸びずわが研究所の薦めもあってリベラルアーツ・カレッジの中ではまずまずレベルの高いHollins Universityに入学しました。もともとがんばり屋の彼女は、そこで2年間みっちり勉強をして、セブンシスターズのMount Holyoke Collegeに3年生として編入したのです。

４ リベラルアーツ・カレッジを卒業してエリート大学院に進学するケース

さて、私の長男は、高校3年間ロックに狂ってまったく勉強をせず、大学受験も何とか日大にひっかかったという有様、その後2年間もひたすらロックに狂ってついに母親（私）に怒られて、Salve Regine Universityという小さなリベラルアーツ・カレッジの3年生に編入しました。TOEFL®スコアは32点というものでしたが、何せお母さんの押しで入学し、そんなにロックをやりたいならちゃんと音楽を勉強しなさい、ということで音楽を基礎から勉強し、3年かかって卒業しました。そこでがんばったおかげで優等生で卒業し、New York Universityの大学院に音楽教育の専攻で入学できました。3年間彼なりに勉強したこと及び考えたことを面接で十分に出し切った結果と思われます。

このように、エリート校に入学するのもいろいろな形があります。アメリカは、教育が深く長い国です。人間、一生勉強・努力というお国柄で、がんばる人にがんばっただけチャンスをくれるということですから、日本のように何が何でも18歳でダメだったら後はおしまいということではありません。

[3] エリート校突破のＡＢＣ

◀実践留学のケーススタディ

■ケース１：Ａ子さんの例

——❶出願データ

◇**入学大学**：Wesleyan University
◇**専攻**：演劇
◇**入学形態**：日本の高校を卒業してエリート大学に進学
◇**高校のGPA**：4.67（５段階）
◇**TOEFL®スコア**：103
◇**SAT®スコア**：CR500　　M710　　W520
◇**出願大学と合否結果**
　・Barnard College（ニューヨーク州）　　　　　　不合格
　・Sarah Lawrence College（ニューヨーク州）　　 合格
　・Skidmore College（ニューヨーク州）　　　　　 合格
　・Vassar College（ニューヨーク州）　　　　　　 不合格
　・Wellesley College（マサチューセッツ州）　　　不合格
　・Wesleyan University（コネチカット州）　　　　合格
◇**推薦状の執筆者**
　・担任の先生
　・英語の先生
　・数学の先生
　・校外のボイストレーニングの先生
◇**課外活動**
　・クラシックバレエ、ピアノ、水泳、陶芸といった子どものころからの習い事
　・学校では学級委員、選挙管理委員、図書記録委員として活躍
　・子どもたちのためにクリスマス会を開くなどボランティアに参加
◇**エッセー**
　・小学生のときにクラスメイトと自作自演した演劇での感動に始まる、自分史と演劇とのふれあい
　・演劇を観て得た感動、演じて得た感動がいかにアメリカ留学の原動力になったか
◇**カウンセラーから見て合格を決定づけた要因**

- 自分の考え・意見をもち、それを発表する力をもっていた（これが面接時に発揮された）
- ただ意欲があるだけでなく、素直な自分を出すことができた
- 自分が恵まれていることを心から感謝し、それをさらに生かし、自分を高め、世の中に恩返しをするための努力を怠らない姿勢が伝わり、評価された

──❷出願プロセス

◇**女優志願**　大学時代の演劇サークルで知り合ったのがなれ初めで結婚したご両親をもつA子さん。子どものころから演劇には人一倍思い入れがありました。小学校高学年のころにはすでにクラスメイトと自作自演のオリジナル劇で「一度ステージに立ったらやめられない」を実感し、女優の夢を大切に育てます。留学の動機も、いろいろな人や価値観に触れ、演技の幅を広げたい役者根性から。リベラルアーツ・カレッジに魅力を感じたのも、そこでは自分を発見できる、そしてそれを演技で発揮したい、というこれまた女優の腕を磨かんがため。

◇**内に秘めた宝石**　そんなA子さんの最大の理解者は、ほかならぬご両親。そもそも「ああしろこうしろ」と娘に強要しないタイプで、娘のために協力できることは惜しまない二人。両親が演劇畑にいたこともあって、まさに順風満帆の留学準備が始まります。カウンセラーは、A子さんの学校の成績と英語力、そして性格などを多角的に見て志望校を選びます。一見大人しいA子さんですが、カウンセリングを重ねていくうちに、カウンセラーはA子さんの「内に秘めた宝石」を見いだしました。さてそれをどうエッセーに生かすか……。

◇**自分の資質を生かす努力**　A子さんが最初に書いたエッセーは、一般的なことをただお行儀よく並べられただけの、典型的なつまらないエッセーでした。カウンセラーはその一つひとつに「なぜ？」「どうしてそう思うの？」と問いかけます。何かが好きだとしても、なぜ好きなのか、たとえば亡くなったおばあさんの形見だからなのか、恋人からもらったものだからなのか、赤が好きでその赤が素敵だからなのか、といったことをアメリカでは表現しなければなりません。そこでカウンセラーは、人と違うことやウケを狙うことを書く必要はない、あなた自身が経験し感じたことをできるだけ具体的に書くことが大切、それによって内に秘められたキラキラ光るものが反映されるはずだから、と指導します。演劇一本といっても、A子さんの場合、自分が演劇から得た感動をできるだけ多くの人に伝えた

い、自分と価値観の違う人をも楽しませたい、という思いがありました。それには、己を磨く努力が必要であることも「実感」としてあったのです。そして情熱だけでない、自分の資質を生かす努力を怠らなかったＡ子さんの誠実さが伝わるエッセーに仕上がったのです。また面接時には、持ち前のパフォーマンス力が十二分に発揮され、Ａ子さんのすべてが総合的に評価されてのWesleyan University 合格でした。

2 ケース２：Ｂ子さんの例

——❶出願データ

◇**入学大学**：Trinity College（コネチカット州）
◇**専攻**：国際関係学
◇**入学形態**：日本の高校を卒業してエリート大学に進学
◇ **GPA**：4.72（５段階）
◇ **TOEFL®スコア**：97
◇ **SAT®スコア**：CR 410　　M 680　　W460
◇**出願大学と合否結果**
　・Bates College（メイン州）　　　　　　　　　　合格
　・Beloit College（ウィスコンシン州）　　　　　　合格
　・Oberlin College（オハイオ州）　　　　　　　　合格
　・Trinity College（コネチカット州）　　　　　　 合格
　・Wesleyan University（コネチカット州）　　　　不合格
◇**推薦状の執筆者**
　・担任の先生
　・政治経済の先生
　・化学の先生
◇**課外活動**
　・文化祭で、クラスで主催するダンス劇を主導して、リーダーシップを発揮
　・日米交流プログラム（日米高校生海洋交流）に、日本からの代表者８名の一人に選ばれ、日米両国でディスカッションに参加
　・小さい頃からダンスをやっていた
　・高校ではスキー部に所属
◇**エッセー**
　・文化祭での経験を主軸にリーダーシップをアピールし、また日米交流

プログラムでの異文化交流で得た自分の文化観を論理的に展開
 ・とくに交流プログラムにおける日米高校生の戦争観の違いに大きな
  　ショックを受け、それをアメリカで多角的に検討したいとの希望を書
  　く
◇**カウンセラーから見て合格を決定づけた要因**
 ・バランスのとれた人格の持ち主である
 ・何事も一つに決めつけることなく、バランスよく分析・理解すること
  　ができる
 ・思慮深く、相手の立場や気持ちをくみ取ることができる。その能力が
  　Admissions Office の求めていることを正確に把握させた

　　　　　　　　　　　　　　　　　　　　　　　——❷**出願プロセス**
◇**リベラルアーツ教育——「これだ！」**　「アメリカのリベラルアーツ教育のことを知ったとき、『これだ！』と思いました」——B子さんの出願エッセーの書き出しです。アメリカ映画が好き、高校１年生のときにしたメイン州でのホームステイがとてもいい経験だった、というのがそもそもの留学のきっかけだったのですが、リベラルアーツ教育を知ったことがB子さんの方向を決定づけました。もともと落ち着いた、どちらかといえば大人っぽい性格のB子さんを、比較的本人任せにしてきたご両親ですが、さすがに日本の大学に進学しないことを知ったときは「せめて受験だけでも」と説きます。B子さんもこれに従い、留学準備をしながらも日本の大学を受験し、一流私立大学に合格しましたが、やはりリベラルアーツ・カレッジへの道を選んだのです。
◇**自分ができること**　リベラルアーツ教育への共感は、それがB子さんの「自分の可能性を限定したくない」「進路を決めつけたくない」「いろいろなことにチャレンジしたい」「自分のやりたいことを見つけたい」という本音に応えてくれる教育だからです。B子さんにはまた、常に自分の置かれている立場を多角的に見きわめようとする姿勢がありました。感情に走らず、日米の大学を冷静に比較したうえでの決断だったのです。そしてB子さんは、今までに与えられてきた教育環境、さらに今後アメリカで学ばせてもらえることを心からありがたく思い、リベラルアーツ・カレッジで自分ができることを見つけ、それを日本で実践したいという気持ちを純粋に抱くに至ったのです。
◇**地に足のついたエッセーの作成**　B子さんの留学準備において、とくにエッセーづくりは留学カウンセラーがつきっきりでした。B子さんの最

[3] エリート校突破のＡＢＣ

初のエッセーは、いかにもお利口さんが書く、そつのないものでした。一般的な良識を並べ、だれが読んでも「仰るとおり」と言えるエッセーです。これではつまらないのです。そこでカウンセラーは、Ｂ子さんの目で見、心で感じたことを、自分の言葉で書きなさい、わからないことはわからないで構わないから、自分の土俵で自分を表現しなさい、と指導します。つまり地に足のついたエッセーの作成です。Ｂ子さんは何度かの書き直しを経て、日米高校生の交流プログラムにおける戦争観の違いについて抱いたショックを、自分の経験に則して素直に具体的に描き出しました。すると「国際平和に貢献したい」という、一見ありがちな論題でも、実に生き生きと、本人像が浮かび上がったのです。

３ ケース３：Ｃ男くんの例

――❶出願データ

◇入学大学：Yale University
◇専攻：政治学
◇入学形態：日本の大学をやめてエリート大学に編入
◇高校のGPA：4.9（５段階）
◇大学のGPA：3.83（４段階）
◇TOEFL®スコア：108
◇SAT®スコア：CR530　　M 770　　W550
◇SAT® Subject スコア：Physics　　　　　　750
　　　　　　　　　　　　Mathematics Level 2　770
　　　　　　　　　　　　World History　　　720
◇出願大学と合否結果
　・Amherst College（マサチューセッツ州）　　　　不合格
　・Colby College（メイン州）　　　　　　　　　　合格
　・Georgetown University（ワシントンDC）　　　　合格
　・Harvard University（マサチューセッツ州）　　　不合格
　・Stanford University（カリフォルニア州）　　　　不合格
　・Swarthmore College（ペンシルバニア州）　　　　不合格
　・Yale University（コネチカット州）　　　　　　　合格
◇推薦状執筆者
　・高校の英語科主任
　・大学の准教授

- 大学の学部長

◇課外活動
- 男性合唱団、コーラスサークルにおいてコンサートを企画するなどして活躍
- スピーチコンテストに参加
- 募金活動に参加
- 国際的な学生政治サークルに参加

◇エッセー
- 出願大学により内容は異なるが、本人の見識の深さ、教養の深さと広さ、問題意識の強さと広がりは、すべてのエッセーに共通して表現された
- 一つの価値観に凝り固まらず、柔軟でバランスのとれた人格がにじみ出た

◇カウンセラーから見て合格を決定づけた要因
- 知力・学力が群を抜いている
- ただ勉強ができるだけでなく、柔軟な価値観をもち、何かを決めつけてかかったり、自分の優秀さを自慢したりすることなく、穏やかに物事に対処できる資質が評価された

——❷出願プロセス

◇**国際舞台で活躍するのに東大でなくてもいいじゃないか**　国際関係、とくに日米関係に強い興味を抱いていたC男くん、「自分のステージは世界にある。それには東大でなくてもいい」と、東大を1年で中退、アメリカ留学を決意します。高3のときから留学を希望しカウンセリングを受けていましたが、日本の大学を受けてからという両親の希望があり栄陽子も日米両方の大学を知っていても損はないという意見であったので東大に入学したのですが、それで一つの目的は達したと淡々とした様子で、またカウンセリングに現れました。ご両親も、東大をやめるのはもったいないと思いながらも、C男くんの高い能力を認めその勇断を頼もしく思って、留学を応援していく腹を決めます。このような転機には親子の信頼関係は欠かせません。

◇**出そうとしなくてもにじみ出るエリートの資質**　高校・大学の成績、SAT®・TOEFL®スコア、いずれも数字の面ではアイビーリーグ大学も射程圏内です。しかしこのレベルの大学になるとC君並みのエリートばかりが出願してきます。したがって、キラリと光る、人の眼を惹く「何か」が必

要なのです。C男くんの場合、その一つは穏やかさでした。いわゆる日本のがり勉タイプではなく、東大に行ったのも「何が何でも」というより、それだけの能力があったから入学したまでのこと。何かにがつがつする、自分の意見を押しつける、能力の高さを鼻にかけるといったことはなく、それでいて出し惜しみをしない。自分のあるがままを認めごく自然に、誠実に生きているのです。C男くんのエッセーには、それらをアピールしようとの意図なく書かれていながら、自ずと深い教養、見識、問題意識がにじみ出ていました。そういうものは、出そうとしなくても出るものなのです。

◇**エッセーづくりも大仕事**　留学カウンセラーはC男くんと、まさに二人三脚で出願準備を整えます。願書締切日に合わせて書類の作成を計画的に進めますが、とくにエッセーは、各大学により課題が異なるので、それらを何度も修正し、期日までに納得いくように仕上げるのだけでも大仕事です。数か月にわたって行う「出願プロセス」という大きな枠組みの全体像を常に意識しながらそれらの作業をします。エッセーの課題には「卒業後のキャリアプラン」「影響を受けた本」「意義深い課外活動」「座右の銘」などがありました。アイビーリーグ、もしくはこれに匹敵するリベラルアーツ・カレッジに行きたいというC男くんの希望は叶いましたが、それでも不合格になる大学もあったのですから、アメリカのエリート大学のハードルの高さをあらためて思わざるを得ません。

4 ケース4：D子さんの例

――❶出願データ

◇**入学大学**：Bates College（メイン州）
◇**専攻**：心理学
◇**入学形態**：リベラルアーツ・カレッジからエリート大学に編入
◇**大学のGPA**：3.72（4段階）
◇**TOEFL®スコア**：105
◇**SAT®スコア**：CR450　　M710　　W450
◇**出願大学と合否結果**
　・Barnard College（ニューヨーク州）　　　　　　不合格
　・Bates College（メイン州）　　　　　　　　　　合格
　・Bryn Mawr College（ペンシルバニア州）　　　　合格
　・Pitzer College（カリフォルニア州）　　　　　　合格
　・University of Michigan- Ann Arbor　　　　　　不合格

・University of Pennsylvania　　　　　　　　　　　不合格
◇推薦状執筆者
　　・担任の先生
　　・体育の先生
　　・英語の先生
◇課外活動
　　・器械体操部で活躍する一方、美術部にも所属
　　・ボーカルとしてバンド活動に参加
　　・自主映画を作成
　　・文化祭実行委員
　　・イタリア語クラブを結成・運営
◇エッセー
　　・高校在学中に経験した、うつ病のスクールメイトとのかかわりから、「人間とは何なのか」というテーマを具体的、経験的に展開
◇カウンセラーから見て合格を決定づけた要因
　　・頭脳明晰であること
　　・成績が良好であること
　　・リベラルアーツ・カレッジ在学中に得た自信と落ち着き。これにより自分の能力を客観的に見つめ、それを認めることができるようになり、自分の能力に相応の進学を成し遂げることができた

——❷出願プロセス

◇何か違う……　　有名進学高校に在学していたD子さん。受験勉強に明け暮れるクラスメイトたちを見て、どこかおかしい、でも「これが日本の教育システムなんだから」と諦める——この「何かおかしい」「でも仕方ない」をくり返しながらもD子さん自身、やはり受験勉強をするばかりでした。周囲の期待に応えなければならないとの義務感もあり、友達をライバル視することもありました。そうして一流私立大学に合格したD子さんは、精も根も使い果たしたからっぽの自分を見ます。そのとき心にあったのは「何か違う……」という苦しい自己否定でした。
◇自分自身への挑戦　　子どものころアメリカに単身駐在していたお父さんの影響で、アメリカ留学への思いはゼロではありませんでした。しかし自分自身への要求を強くもつD子さんの性格上「何か違う」だけでは、留学は単なる「逃げ」でしかありません。もっと、決定的な必然が必要です。栄 陽子のカウンセリングで「日本では皆と一緒のことをするのが正しく違

うことをするのは逃げだと言うが、皆と一緒のことをする方がずっと楽で、違うことをするには強い意志や勇気、決断が必要で、かつそれを実行するには大変な努力が要るという事実を日本人はわかっていない」ということを聞き、D子さんは留学の必然を自分自身への挑戦、自分との競争に見いだします。ここでアメリカの教育事情に詳しかったお父さんの賛成を得られたのは、D子さんにとってとてもラッキーなことでした。

◇**留学最初の2年で得た自信**　　D子さんの場合、日本の教育システムの中で、必要以上のコンプレックスと、期待に応えなければという義務感、そしてわずかなことでも「自分はダメだ」と思い込む意識を植え付けられていました。どうしても自分の羽ではばたけない、そんな不自由さがあったのです。カウンセラーはまず、D子さんに、自分の思うことを箇条書きでいいから書くよう指導します。すると、実にいろいろなことを考え、感じていることがわかりました。そこでカウンセラーは、まずは中レベルのリベラルアーツ・カレッジに入り、親身な教授のもとでいい成績を修め、自分のことを見つめ、自分探しをすることを薦めます。そこでD子さんが本来もっている向学心と好奇心が生かされれば、2年後にはエリート校編入は可能だと考えたのです。D子さんが最初に入学したのはバージニア州のSweet Briar College。そこでの2年間は、D子さんに自信をもたせ、さらなる「自分への挑戦」を促すに十分の手応えがあるものでした。優秀な成績を修めたD子さんは、Bates Collegeへの編入を果たしたのです。

5 ケース5：E男くんの例

——❶出願データ

◇**入学大学**：Georgetown University（ワシントンDC）
◇**専攻**：MBA（マーケティング）
◇**入学形態**：アメリカのリベラルアーツ・カレッジを卒業し、日本での職務経験を経て、エリート大学大学院に進学
◇**大学のGPA**：3.85（4段階）
◇**TOEFL®スコア**：109
◇**GMAT®スコア**：680
◇**出願大学と合否結果**
　・Boston University（マサチューセッツ州）　　　　合格
　・Columbia University（ニューヨーク州）　　　　不合格
　・George Washington University（ワシントンDC）　合格

- Georgetown University(ワシントンDC)　　　　合格
- Northwestern University(イリノイ州)　　　　不合格

◇**推薦状執筆者**
- Elmira Collegeの先生(ビジネス)二人
- 会社の上司(マーケティング部門)二人

◇**職歴**
- Elmira Collegeを卒業後、外資系化学薬品会社に3年間勤務
- 3年間のうち、1年間の営業を経た後2年間、マーケティング部門でおもにマーケティング戦略企画に携わる

◇**エッセー**
- 勤務していたマーケティング部門における、自分の職務経験に基づいた問題解決に際しての、ユニークさ、フットワークの軽さ、柔軟性、クリエイティビティをアピール
- 一般的、類型的、抽象的な作文に陥らず、あくまでも経験に基づき現実に即した能力を描出

◇**カウンセラーから見て合格を決定づけた要因**
- 成績、GMAT®・TOEFL®テストの数字面をクリア
- エッセーに反映された「柔軟性」「クリエイティビティ」「問題解決能力」といった資質が、将来のビジネスリーダーとしてふさわしいと評価された

――❷出願プロセス

◇**日本の大学での閉塞感――アメリカ留学を決意**　日本の大学で、法学部に学んでいたE男くん。留学の動機は「自分の置かれている情況を打破したい」「広い視野を身につけたい」「自分を試したい」といった漠然としたものでした。しかし、前向きな性格で行動力も柔軟性もあったので、留学への道は、彼には当然の成り行きでもあったと言えます。

◇**リベラルアーツ・カレッジで勉強の楽しさを実感**　E男くんがまず留学した大学はニューヨーク州の中堅リベラルアーツElmira College。TOEFL®スコアが45しかなかったため、栄陽子留学研究所からキツーい売り込みがElmira Collegeに向けて行われました。留学カウンセラーは、E男くんの将来大学院へ進学する可能性を考慮して、教授の親身な指導のもとに良い成績を修められるリベラルアーツ・カレッジを薦めたのです。それが功を奏してか、今までビジネスを本格的に勉強したことのなかったE男くんですが、ディスカッション中心のダイナミックな授業形態を最初は

戸惑いながらもその醍醐味を覚え、そして指導してくれる教授との厚い信頼関係を築いていくなかで、大学院でMBAを取得する考えを固めていきました。大学院進学には良い成績が不可欠であることを知っていたE男くん、見事GPA3.85というすばらしい成績でElmira Collegeを卒業しました。

◇**日本で職務経験を積み、見事Georgetown University大学院に入学！**

MBA進学には職歴（Work Experience）が問われることが少なくありません。E男くんはいったん帰国して外資の化学薬品会社に就職し、そこで営業、マーケティングに携わり業績を上げながらMBA進学の時期を見きわめます。MBA出願に際してカウンセラーは、とくにエッセーにその職務経験を反映させるよう指導します。つくりごとはすぐに見破られてしまいますし、一般的なことでは審査官は目もくれません。つまり経験に基づいた、自分自身の行動やアイデアを具体的に書く必要があるのです。そうすれば、その人の資質や能力が自ずと明らかになります。別の例で、自分が勤務していた会社を刑務所に譬え、看守なども登場させながら日本の会社の閉塞性を書いた人もいますが、これなどは事実に即してこそ初めてユニークなエッセーになるのです。E男くんの場合、持ち前のフットワークの軽さ、柔軟性、前向きな姿勢と行動力、クリエイティビティを、職務経験をエッセーに書くことで表現することができました。もちろん、Elmira Collegeでの成績、TOEFL®スコア、GMAT®スコアの面での出願条件はクリアしています。Elmiraの教授からも親しみのこもった推薦状をもらうことができました。2度目の留学を見事果たしたE男くんの例は「アメリカの教育は長い」ことの好例と言えるでしょう。

Brown University

入学がやさしくて卒業がむずかしい実態

● 入学がやさしい

　アメリカは高校まで義務教育ということを述べました。厳密には州で17歳とか16歳とか義務教育の年限が違うのですが、高校卒業までは学費は無料、教科書も無償で貸し出されます。また、義務教育ですから、ほぼ日本の中学校で勉強するレベルのものを、教えているということです。交換留学などで小学校くらいの算数しかやっていなかったというようなことを聞いたことがあると思いますが、アメリカの高校で日本の高校の数Ⅱや数Ⅲにあたるものを勉強しているわけではありません。

　レベルが低いから悪いのではなく、要はスピードが遅いのだと考えるといいと思います。アメリカは歴史的な発展過程から見ても日本の文部科学省のようなものが先にできて教育制度ができてきたわけではないので、いまでも、どのようなことを教えるかは、それこそ州本位でもなく、各地域で学校や先生そのものが教材を選んでいるわけですから、レベルにはとてもバラつきがあります。

　何しろ新しい移民ばかりで、英語もしゃべれない生徒ばかりなんていう学校さえあるのですから、日本をベースに考えてもはじまりません。

　一般にアメリカの高校では、まず日本の中学校くらいのことを教えていると考えてください。アメリカには地域差というものがもちろんあって、みんなスペイン語ばかりしゃべる学校もあれば、その地域がハーバードの先生がたくさん住んでいる地域や、どこかの研究機関の人がいっぱい住んでいる地域などがあって、そういう地域の高校はとてもレベルが高く、日本の数Ⅱや数Ⅲのクラスも選択できるようになっていたりということはあります。しかしながら、レベルの高い地域がいっぱいあるわけではありません。

　アメリカにはむしろ、人口10,000人とか1,000人とかいった小さなのんびりしたところがとても多く、塾などももちろんなく、日本と教育のレベルを比較し

[3] エリート校突破のABC

て高いの低いのと考えることもないといったところのほうが、ずっとずっと多いのです。何しろ国土が日本より25倍もあり、世界一の農業国だということを忘れないでください。

　アメリカには私立の高校もあります。私立ですので Private School なのですが、アメリカ人は Preparatory School と呼んでいます。通称 Prep School です。これは直訳すると準備をする学校という意味になります。義務教育を終えることが目的の公立高校に対して大学に行く準備をする学校という意味です。これには、麻布高や灘高のような受験校があり、お嬢さん学校、お坊ちゃん学校もあります。

　エリート大学（とくに私立）にずらりと卒業生を送り込むのもこういう Prep School です。ただ全米から見ますと1割以下に過ぎません。また、圧倒的に東部に多いのが特徴です。こういった Prep では、本人の学力にあわせて数Ⅱや数Ⅲレベルのクラスも用意してあります。

　こういった Prep もチャンスの平等の観点から、奨学金を出してニューヨークのハーレムの飛び抜けてよくできる生徒を数人入学させたりもしているのです。

　またアメリカでは、ごく普通の高校に行っていてとてもよくできるとなると、

▶入学生のSAT®スコアのばらつき　*Barron's Profiles of American Colleges 29th Edition*

Mount Holyoke College（マサチューセッツ州）			
スコア	CriticalReading（読解）	Mathematics（数学）	Writing（ライティング）
700以上	36％	31％	31％
600〜700	46％	45％	55％
500〜599	17％	18％	13％
500以下	1％	4％	1％
University of Virginia（バージニア州）			
スコア	CriticalReading（読解）	Mathematics（数学）	Writing（ライティング）
700以上	33％	40％	35％
600〜700	45％	44％	45％
500〜599	19％	13％	17％
500以下	3％	3％	3％

入学がやさしくて卒業がむずかしい実態

飛び級というのもごく当り前で、16歳でさっさと大学に行ってもかまいませんし、高校3年生に在学中に大学のクラスを取って単位を大学に認めてもらえるなんていうのもあります。

さて大学に入学するときに、アメリカは、地域に属しているということで優先権があったり、親がその大学の卒業生であるとか教授であるとかでも優先権があったり、面接でのパフォーマンスがとてもよくて許可をもらえたりということになっています。前述したように州には、その人の成績に応じて必ず入学できる大学が用意されています。

名門 Prep Phillips Academy（Andover）

これが留学生となると州への優先権もなく、親が卒業しているということもまずめったになく、また、大学に行って直接面接で談判するというのもなかなかむずかしいものです。大学側も留学生の国の事情を完全に把握しているわけでもないので、卒業している高校がどんなレベルかもわかりづらいものです。したがって、TOEFL®スコアが入学の一つの物差しになってしまいます。日本人でTOEFL®スコアが80や100の人はいいのですが、必ずしもそういう人ばかりではありません。しかし、それでも入学したいとなると、やはり何でもありのアメリカを信じて体当たりするしかないのです。

そのため推薦状やエッセーもおろそかにしてはいけません。私の研究所では、本人に代わって面接をできるチャンスをつくってもらったり、電話をかけて売り込んだりもします。アメリカの大学の先生や職員はよく替わりますので、替わるとポリシーも変化します。新しい学長が来て、留学生をたくさん採ろう、なんて号令をかけているときなら、とてもラッキーです。TOEFL®スコアは低いけど本当はこんな風によくできるんだから入学させてほしいともちかけると、OK、OK、ということになります。逆に留学生がいっぱいになって、面倒見るとたいへんだと思うようになると、急に英語の講座をつくって、ともかくそこへ1、2年放り込んでおけ、なんて方針をつくったりもします。

[3] エリート校突破のＡＢＣ

　ネゴシエーション社会のアメリカでは、まず普通の日本人なら、とても信じられないということになりますが、何年かアメリカで暮らしたことのある人は、さもありなんと思ってしまうのです。
　それに、卒業するかどうかが問題なわけで、いくらいろいろな都合で入学させてもダメだったらやめざるを得ないので、まあ入学はあくまでチャンスをもらったということになります。
　実際アメリカ人が大学に入学したときのSAT®スコアを見ますと、同じ大学でこれだけ上下が開く？　と思うくらい幅があります。入学の基準はじつにいろいろ、曖昧で日本人にはわかりづらいものです。まあ、日本の受験も一発まぐれ、というのもありますからねェ。
　アメリカでは、お父さんもお母さんも卒業生でいっぱい寄付していて、本人の成績もオール５なんて学生がずらりと願書を出してきて、選抜するのがタイヘン‼　という大学もあれば、小さいリベラルアーツ・カレッジで、昔ながらに個人指導教育をしていて、卒業生の子弟なら優先的に入れてあげるとか兄弟ならOKとか、面接がちょっとユニークならOKで、留学生もちゃんと面倒みてあげるからあんまり英語ができなくても大丈夫というのもあるし、また、大きな州立で州の人優先、クラスは大きいから留学生なんて面倒見られない、入学審査も人手がかかってたいへんだから（何しろ審査料も30～50ドルですから、アドミッションズ・オフィスの人件費のほうが高くつきます）、留学生なんかTOEFL®スコアが80ないと審査しないよとか、さっさと、付属の英語学校に行って、なんていうのもあるし、地域の子はみんな入学させてあげるよ、だれでもおいで、でも留学生の面倒見るほどヒマじゃないから留学生はとりあえず英語学校に行ってね、なんてコミュニティ・カレッジまで、ともかく何でもありなんです。
　したがって、大学に直接談判に行って、TOEFL®スコアが足りなかったのにけっこういい大学に入学できたとか、反対に、レベルの低いコミュニティ・カレッジに入るのにわざわざ２年間も英語学校に行ったとかいうような話がでてくるわけです。

◖卒業がむずかしい

　さて、それでは、卒業はむずかしいというのはどういう意味でしょうか。
　簡単にいうとアメリカは、１年に２学期あって、各々の学期が独立していて16週間で１回転しているため、８週間ごとに中間、期末とまわってスピードがめちゃくちゃ早く、テスト責めになってしまうということと、２学期続けて70

アメリカ大学の1年

秋学期 Fall Semester	8月	学校到着、オリエンテーション、科目登録
	9月	授業開始
	10月	中間試験（4日間）、中間成績発行
	11月	次学期の科目登録 感謝祭休み（4日間）
	12月	期末試験、論文提出 冬休み（〜1月中旬）、成績発行
春学期 Spring Semester	1月	授業開始
	2月	中間試験
	3月	春休み（1〜2週間）、中間成績発行
	4月	イースター休み（4日間）
	5月	期末試験、論文提出 夏休み（〜8月末）

Rice University

点（C平均）切ったら退学になってしまうということです。

　また、現在では大学院が中心になっていて専門の勉強は大学院でする必要があるため、上昇志向の人であれば大学院進学のことを将来考える必要があります。そのための出願基準を満たすには大学レベルで80点平均をキープしていることがとても大切になります。

　大きな総合大学の、階段教室の大きなクラスで80点をとるのはなかなか厳しいことです。最低80点で、よりレベルの高い大学院に行こうと思えば思うほどよい成績である必要があります。医学部なんかを狙おうと思うと95点くらいは取らなければなりません。

　同じ大学から同じ大学院に上がるのが有利だという考えはまったくありませ

[3] エリート校突破のＡＢＣ

ん。なにしろバラエティとかバランスが好きな人たちですので、同じような学生ばっかり採ってもおもしろくないわけです。

だいたいアメリカ人の学歴をよく見てみるとわかりますが、みんな学士・修士・博士をそれぞれ違うところでとっています。日本のように大学も大学院も博士課程まで東大というのは、アメリカではちょっと気持ち悪いのです。

また、ハーバードで博士号をとってそのままハーバードに残るなんてことはありません。必ず外に出てめざましい業績を残してからでないとハーバードで教授になることはできません。

卒業生が順番に残っていく日本の大学と、こういうところも違います。

こうしたわけで、アメリカ人は、日本と違って大学院が最終着地点と考えていて、高校までのんびりしていたなんていうのも多いものですから、小さなリベラルアーツ・カレッジに入学して、そこで勉強してから、トップレベルの大学院を狙うなんていう人たちもいるわけです。

◀入学先は入ってから後のことを考えて

さて、入学してからは本当にたいへんなことが始まります。留学生は９月の新学期の２〜３か月前に渡米して、いくらか英語と生活の足慣らしをします。一応、アメリカの大学の生活にちょっと慣れ日常会話に慣れるという程度ですが、それでも突然、９月に渡米するのよりはマシです。

９月からはおそろしいスピードで地獄の日々が待っています。寮が開いてクラスが始まるまで数日しかなく、８週間目に中間テストが迫ってきます。アメリカのようなカタログを発行していない日本の大学がやるように数週間もオリエンテーションなんてやってはくれません。大学側はとても厚い大学のカタログを早くから発行していて、学生は入学をするためにも、また、授業への準備のためにもこのカタログを読んで用意をすることになります。

日本ではオリエンテーションで初めて同様のものをドッサリ渡されて、懇切丁寧に説明されるのですが、アメリカではそんな暇はありません。

日本の留学生がこのカタログを読んでいないということがアメリカの大学でしばしば問題になるのですが、これは、日本の学生はいつも、ともかく入学するんだということばかりが頭にあって、その後のことは何にも考えていないことから起きる問題です。

こういったカタログをよく読んで理解し、アメリカの授業のありかたや進めかたを学ぶことから留学の準備が始まるのです。

また、アメリカの大学は、分析力・判断力・決断力を重視していますから、

University of Chicago

「リンカーン大統領が奴隷解放をやったのはいつ？」というだけでなく「あなたがリンカーン大統領だったら奴隷解放をやった？」というやりかたで勉強します。これも日本の学生が慣れていない勉強方法です。

 学生はリンカーンの奴隷制度について、一通りの予習をしなければなりません。アメリカの先生はシラバスというものを授業の初めに配ってくれます。これは、どういう内容の授業をどのような方法でやるかという授業進行表です。学生はそれを見て予習をして、それから先生の話を聞いたり、自分の意見を言ったりするわけです。したがって予習をしていれば、先生の英語がわからなくても、今、リンカーンの奴隷解放のことをやっているということは見当がつくわけです。

 こうなりますと、経済の勉強をするときは、英語力が弱くても、経済について日本で勉強したことのある者のほうが強いということになります。

 大学は英語学校ではなく学力を問うところですから当然のことなのですが、日本人はついつい英語力に注意を奪われがちです。

 大学の発行しているカタログに十分目を通しますと、自分が大学を卒業するためにどういう時間割でどういう授業をとるのか、というようなことがわかってきます。また、留学生としてどういうとりかたがやりやすいのかというようなことをカウンセラーなどを通じて知っておくことも大切です。猛烈なスピー

[3] エリート校突破のＡＢＣ

ドの中で、ともかくついていかなければならないからです。

このようにアメリカでは、ついていけるかどうかということと、将来、自分がどういった人生を考えているかということも大きく、学校を選ぶのにからんできます。

ともかく四大を卒業すればいいというのであれば、大きな大学で階段教室のクラスでも何とかギリギリの点数でついていくということも考えられますが、30歳か40歳かわからないけれど将来大学院に行く可能性ありというのなら、なるべく私立の小さい大学のほうがよいということになります。

アメリカでもハーバードを卒業したほうがいいかも、と思っている人はたくさんいますが、日本ほど、学歴、学歴ではありません。もう少し自分の生きかた、自分のペースというものが大切にされていて、それによってちゃんと社会がうまくいっているのです。

◖英語力

集中力と記憶力と自己管理能力に優れている人は「お勉強」がよくできるのですが、世の中はそんな人ばかりではありません。机の前に座っていても２時間のうち１時間半は勉強以外のことを考えているというのが常態の人も多いのです。こういう人にとって、TOEFL®スコアを上げることなどはなかなかむずかしいものです。

TOEFL®テストと受験勉強とは違うとか学校の勉強とは違うなどとまことしやかに言う人がいますが、それはウソです。できる人は、TOEFL®テストでも英検でもTOEIC®テストでも高い点数を取るので受験でもいい点数を取ります。こういう人は、集中力・記憶力がいいので、中学校・高校で習ったことがきちんと頭の中に整理されて入っているのです。教科書プラス参考書１冊できちんとやってしまう人たちです。

ところが多くの人はやたら参考書を買うタイプで、どれもこれもその場その場でちょっとやっているだけで、たとえば中学３年生の１学期は、そのときはちゃんと勉強したのだけれど、期末テストが終わったら全部忘れてしまい、高校１年生の２学期は、やっぱりちゃんと勉強したのだけれど、中間テストが終わったら忘れてしまい、という有様で、何か袋があれば、あちこちに穴が空いているといった状態なのです。したがってそのままで、TOEFL®テストの勉強をしても、上がるわけがありません。英会話学校に行ってもボキャブラリーが貧弱なため、すぐイヤになってしまいます。

やはりまず何より、中２、中３、高１の教科書を丸暗記してしまうのが一番

Princeton University (Photo by Mahlon Lovett)

いいのです。それで何とか基礎はできます。それほど難解な単語や文法があるわけでもないので、そんなにたいへんではないはずです。余談ながら、こういうタイプだから頭が悪いわけではありません。人間には、頭の回転の速さとか、決断力とか、カリスマ性とか創造力とかいろいろあるわけで、大切なのは自分の能力を客観的に見られるかどうかなのです。

さて、それくらい英語のできない人でも、アメリカの外国人向け英語講座などに留学しますと、だいたい3か月くらいで日常会話はこなせるようになります。どんな人でも大丈夫。これは英語の勉強をして英語力が上がったのではなくて、中学3年間で習った英語を使いこなせるようになっただけなのです。

義務教育が中3までの日本では、英語の教科書にはちゃんと日常会話をこなすための最低限のものが網羅されています。したがって3か月もたつと習ったことを思い出して、アメリカ生活にも慣れ、最低限のことは話せるようになります。アメリカ人の小学校低学年くらいの語学能力です。

おまけに、ある程度大人になっているので、目もあれば、経験や勘も働きます。スーパーマーケットを見れば黙って入り、カゴを取って買い物をします。ハンバーガー屋さんの注文も1度は間違えても、2度目からは間違えません。目と知恵と経験知があれば、アメリカでの日常生活はまったく困らなくなりますので、そこでパタリと英語能力は止まってしまうのです。

ここで集中力、記憶力、自己管理能力のある人は、その後もしっかりやるのですが（そういう人はもともとTOEFL®スコアが高いという矛盾があるのです

［3］エリート校突破のＡＢＣ

が）、そうでない人は、人間って弱いもので、もう後は惰性になってしまいます。悪くすると、エトランジェとして外国で生活する術だけを身につけていて、おまけに日本人同士の集まりで特殊環境をつくり、怪しげな英語で外国生活をそれなりにエンジョイする集団の仲間になってしまいます。

では、こういう人に未来はないのかということになると、それは違います。移民たちが、飢えるのは困るという悲壮感をもって英語を覚えたように、あるいは私たち日本人も、おぼつかない日本語で小学校に入学して、日本語のみを勉強したわけではなく、いろいろな科目を勉強し、いろいろな体験を通して語い力を上げていったように、「英語で」何かすることによって、体で覚えるということがあります。

アメリカ人と同じ寮に住み、アメリカ人と同じ授業を取り、英語で音楽でも体育でも学ぶことによって、これ以上恥をかきたくないというほど恥をかくことによって、その人は英語力をアップさせていくことができるのです。

私はこれまで、TOEFL®スコアが27や32点の人でさえ、アメリカの大学に交渉して入学させ、この方法を使ってアメリカの大学を卒業させてきましたし、また、その中には、勉強のおもしろさを発見したり、緊張のため集中力が上がったり、負けん気が強いため泣く泣く勉強したりで、すばらしい能力の伸びを見せてエリート校に編入したり、エリート大学の大学院に進学したりした人たちがいるのです。

アメリカの分析力と判断力と決断力を強調する教育がとてもおもしろくてやる気になったという学生もいます。TOEFL®スコアが低いからといってエリート校への留学をあきらめることはありません。

［4］
挑戦者たちの記録

[4] 挑戦者たちの記録

一歩一歩の努力が実を結んだエリート大学院進学

金子みどり　Midori KANEKO
Pitzer College（カリフォルニア州）卒業／New York University 大学院修士課程（Piano Performance）卒業、同大学院博士課程在学中

留学の第一歩はリベラルアーツ・カレッジから

　ニューヨーク、マンハッタン、ニューヨーク大学。第一線で活躍する数々の著名人から受ける講義。ニューヨーク市のコミュニティに直接働きかけるさまざまな課外活動。ここで学ぶことすべてが、まさに生きた教育のような気がします。日本の普通の環境で普通の教育を受けてきた私には、エリート校留学など無縁のように思われていました。しかし努力の末、私は、憧れのニューヨークの地を踏み、ニューヨーク大学の教室でノートにペンを走らせ、有名なピアノの先生からインスピレーション溢れるレッスンを受けるという生活を実現させることができたのです。私の専攻はPiano Performanceですので、音楽の都であるニューヨークで留学生活を送るということは大きな夢でした。大学留学中から大学院留学については強い希望を抱いていました。

　大学はカリフォルニア州クレアモントにあるPitzer Collegeというリベラルアーツ・カレッジで、音楽と美術のダブルメジャー（二つ専攻をもつこと）で卒業しました。音楽も美術も大学へ入って途中から専攻しようと決めたもので、ピアノが少々弾けたこと以外は、すべてゼロからのスタートでした。20歳からのチャレンジは大変思い切った選択でしたが、大学での数々のすばらしい出会いや経験から、将来はピアノでアメリカの大学院に進学したいと強く思うようになったのです。そのときのピアノの先生からも、大変励まし応援していただきました。勉学とピアノの練習にいそしみ、できるだけ教授陣とはコミュニケーションをとって自分の熱意をアピールするよう心がけました。小さい大学でしたので、何人かの教授とよく知り合うことができ、自分の将来の計画についてもアドバイスをいただくことができました。そしてこういった、自分を買ってくれている教授との関係を大切にしたことが、後の大学院出願時、必要不可欠な推薦状に大きく影響したのだと思っています。

[4] 挑戦者たちの記録

　やがて努力が報われ、4年生の終わりには、ピアノソロとして大学のオーケストラとの共演が実現し、卒業時には音楽で名誉賞（Honors in Music）をいただくまでに至りました。できれば大学卒業後すぐに大学院へ進学したいと思っていましたが、思うように進学準備が進められず、好成績で卒業することを第一に考えた私は、結局1年間の帰国を決意しました。そしてやがてこの一時帰国が1年後のニューヨーク大学大学院入学へのポジティブな要因として働いたのです。

功を奏したお世話になった教授とのメール交換

　日本へ帰国した私は、真っ先に栄 陽子留学研究所に行くことを考えました。研究所にはPitzer College受験のときにすでにお世話になっており、大変役に立ったので、また大学院受験にもきっと的確なアドバイスをいただけると確信していました。大学院へ行こうと決めたからには有名校に入学したいと思い、そのためにもたくさんの情報とアドバイスを早く必要としていました。栄 陽子留学研究所には全米の大学・大学院のあらゆる資料が常備してあり、欲しい情報はすぐに見ることが可能でした。また、どの学校にも自分の探しているプログラムがあるわけではないので、一つひとつの学校の資料を熟読する必要があったのです。最近はインターネットでより多くの情報を短い時間で手に入れることが可能になりましたが、ネット上ではすべての情報を明記していない学校が多く、結局は資料請求に何か月もかかることになってしまいます。そのためいかに多くの情報を早く入手するかが出願校選びの大切な鍵となるのです。

　有名校受験でなくてもそうですが、エッセーや履歴書、推薦状は審査の大切な要素となります。栄 陽子留学研究所ではエッセーや履歴書をよりよいものにするため、添削と書き直しを繰り返しました。推薦状に関しては、お願いする予定の教授たちと頻繁にメール交換をしていたので、簡単に引き受けていただけました。お世話になった教授の皆さんと疎遠になってしまっては、最高の推薦状は望めません。

　英語力を上げることにも努力しました。アメリカの大学の講義レベルの英会話クラスを受講し、Newsweekを購読し、CNNを視聴しました。大学院レベルのボキャブラリーを得ようと単語帳にも目を通しました。Piano PerformanceではGRE®テスト（Graduate Record Examinations：アメリカ大学院進学適性試験のこと）を必要としませんでしたが、一応何回か受験しました。1年間日本で受験の準備をすることによって、有名なピアノの先生にお願いしてピアノを基礎から教えていただくことができました。

[4] 挑戦者たちの記録

周りの大きなサポートがあって実現した大学院進学

　ピアノで受験するということで、当然大学側からオーディションの要請がありました。私はニューヨーク、マンハッタンにある学校のみ実際のオーディションを受け、あとはテープでのオーディションを試みることにしました。単身で大都会ニューヨークに渡るのは不安が多く、オーディションのことも心配でしたが、栄陽子留学研究所のカウンセラーの方やボストンオフィスの方々が、学校側とスケジュールやロケーションを細かく確認してくださったので、スムーズに進めることができました。研究所の皆さんはとても温かい方々で、私がニューヨークで留学生活を始めてからもコミュニケーションは続いています。

　今回の大学院受験、また実際の留学生活において、一つ忘れてはならないことがあります。それは研究所をはじめ、私の周りの人々から大きなサポートを得られたことです。幸運なことに、私の伯父とその家族が一時期ニューヨークで生活していたことがあり、ニューヨークに知り合いがいなかった私は、お友達を何人か紹介してもらえないかと頼みました。その結果、オーディションを受けに行ったときだけでなく、学校が始まってからも私をファミリーの一員として受け入れてくださる素晴らしい一家と親密なお友達になることができました。自分に何か目指すものがあるとき、その目標が大きければ大きいほど、自分以外のだれかの力も必要になります。そういったとき大切なのは、恥ずかしがらず思い切って助けを求めることです。志が強ければ人々は必ず手を差し伸べてくれます。自分の努力と周りの人々の協力があって、晴れて私はニューヨーク大学に合格できました。私の合格を願って、私の家族、親戚、友人たちがお互いに協力し、絆をより一層深めたように感じずにはいられません。そしてよい出会いがさらなるよい出会いを呼び、私の友達の輪は広がり続けています。現在私は、ニューヨーク大学の博士課程で次なる可能性に向かって全力投球中です。これからエリート校留学を考えている皆さん、皆さんにもできるはずです。自分は普通だから、ダメだからと諦めないで、普通の人にだってできるのです。ゆっくりでもいい、確実に一歩一歩踏み出してください。

[4] 挑戦者たちの記録

異なる二つの留学経験
——リベラルアーツ・カレッジから州立総合大学へ

大嶋 有里恵　Yurie OSHIMA
Meredith College（ノースカロライナ州）から
University of Wisconsin - Madison に編入、卒業

両親の説得から始めた留学

　私が留学を決めたのは高校1年の冬でした。母とコロラドのペンパルの家を訪ねた際、米国の教育制度に強く関心を持ったのがきっかけです。帰国後さっそく、留学関係の本を購入し、どんな準備が必要で費用はどのくらいで、どこのどんな大学で何を学びたいかなどを考えて、条件の合いそうなところにパンフレットや入学願書の請求をしました。そのような一人歩きの私の様子を黙って見ていた両親は、私が本気で留学したいと思っていることを理解するようになりました。ところが当時私の故郷（田舎）では留学が珍しく、書店に洋書もなく、さらに家族や親戚の中に海外生活や留学の経験者がいなかったので、心配した母が新聞広告で栄 陽子留学研究所を知り、仕事や学校を休み二人で上京しました。陽子先生との面接で母はここなら安心と感じ、手続きをお願いすることにしました。私も初めは一人で準備できると思っていたのですが、やはり一人では不安でしたし、学習環境や安全面などを含めて自分に合う学校を見つけるのは、栄 陽子留学研究所の支援なしでは困難だったと思います。

リベラルアーツ・カレッジでの成功が編入を導く

　私はウィスコンシン大学マディソン校に編入する前に、ノースカロライナ州にある Meredith College（学生数約2,500人）という私立の女子大に入学しましたが、ここでの成功なしには編入できませんでしたので、いい大学を紹介していただいたことを本当に感謝しています。Meredith College は食事付きの全寮制でしたので、友人がすぐにたくさん出来、勉強にも集中できました。みんな非常に親切かつ協力的で、授業のノートをコピーさせてもらったり、英作文を見てもらったり、一緒に宿題をやったり、授業で必要なものを買いに車でショッピングモールへ連れて行ってもらったり、悩みを聞いてもらったり、サ

ンクスギビング（感謝祭）や春休みには友達の家に連れて行ってもらったりもしました。初めての海外生活や英語での学習に慣れるために小さなリベラルアーツ・カレッジから始めて、自分が何を勉強したいのかを見極めてからその分野に強い研究大学に編入できるのも米国留学の利点です。

苦労した大学院生向けのクラス

　私は政治学（特に国際関係）に興味を持ち、ディベートが盛んなウィスコンシン大学（学生数約4万人）に2年次後半から編入しました。ウィスコンシン州外からの編入でしたので、1学期（Semester）分くらいの単位が編入時に認められず、毎年サマーコースを取ってぎりぎり4年で卒業しました。サマーコースといっても3年目はカナダのケベックでホームステイし、フランス語だけの生活を経験できたのでおもしろかったです。

　3年次からHonors Program（成績優秀者のための課程）にチャレンジし、学部生向け上級コースや院生向けクラスを履修し、1年かけて卒業論文を作成しました。Honors Programに入ると必須科目が増えるので、いつどのコースをとるかという計画に毎学期頭を悩ませました。また、名門大学出身教授から1対1の論文指導を受けることができてラッキーでしたが、常に良好な成績を保たなければならなかったので、宿題や予習・復習は毎日ほぼ完璧にやりました。毎日図書館通いでその日のことはなるべくその日のうちに終わらせるように努力しました。それでも苦労したのが院生向けの哲学の授業でした。週1回2時間30分の授業（クラス人数8人位）で、毎週合計200〜300ページのテキストを複数読まされ、それについてディスカッションしたのですが、テキストの内容がむずかしすぎて頭痛・吐き気がしたのを今でも鮮明に覚えています。精一杯努力しましたがこのクラスの成績はあまりよくなくショックでした。やはり大学院のクラスはきつかったです。

主体性が求められるウィスコンシン大学

　楽しかった授業はフランス語やコミュニケーション学、美術です。米国の外国語教育は日本と比べて非常に実用的で、「読む・書く・聞く・話す」すべてに力を入れています。一般教養や専門科目以外にも上記に加え地理学、生物学、経済学などと幅広く選択できるので自分の計画次第で自由自在です。

　ウィスコンシン大学は大規模な州立大学なので留学生も大勢いましたし、学生間のライバル意識が非常に強いところでした。授業の規模も1、2年生向け一般教養クラスで100人〜300人位、3、4年生向け専門クラスや語学クラスで10〜15人ほどでした。先生の対応もMeredith Collegeとは異なり機械的で、

こちらからどんどん聞いていかないと乗り遅れてしまう感じでした。編入した時から、「他の大学でのAはここでのBだ」と言われてきましたがそれは本当で成績のつけ方も（主観的ですが）Meredith Collegeに比べて厳しかったと思います。人にもよりますが、私がもし右も左も分からないうちに初めからこの大学に入学していたら、荒波にもまれすぎていろいろな面で留学は失敗に終わっていたかも知れません。栄 陽子留学研究所にお世話になり、いい環境でスタートを切ったからこそ、今の私があるのだと思います。

勉強に明け暮れた幸せな日々

編入後、最初の1学期目は共学には数少ない女子寮に入りました。食事は付いていなかったので、外食や大学の共同カフェテリアに行きましたが、ピザやポテトばかりでサラダやフルーツが少なかったので、3年次からはキャンパスから徒歩5分のアパートに住みました。マディソンは学生街で、バスを利用して少し足を伸ばせば米や豆腐が買えるアジア食品店が幾つかあり日本食も食べていました。周りの日本人留学生にはアパートに住んでいる人が多く、車で通っている人も結構いました。アパートは寮より居心地がいいのですがネイティブと話す機会が少なく、友達も出来にくいので初めは寮にするといいでしょう。

こうして4年が過ぎたのですが、思い起こせば勉強ばかりしていてせっかくフットボールで有名な大学にいたのに、観戦に行ったことは一度もありませんでした。しかし、これから留学してあの時のように勉強できるかといったら正直、自信はありません。非常に貴重な留学生活だったと思います。現在私は外資系企業で通訳・翻訳をしています。将来はプロの通訳者になりたいと思っています。勉強できることはとても幸せなことです。これから留学される方も悔いの残らないように精一杯がんばってください。

[4] 挑戦者たちの記録

充実した高校生活を経て
スタンフォードへ

田巻 倫明　Tomoaki TAMAKI
Middlesex School（マサチューセッツ州）から Stanford University（カリフォルニア州）に進学、卒業

自分の足で見て決めた進学先

　私は、栄 陽子留学研究所を通じて、高校1年から3年間米国マサチューセッツ州の Middlesex School に留学し、その後4年間、カリフォルニア州のスタンフォード大学（Stanford University）で生物学を専攻した。大学進学を考えていた時、私が大学で何を専攻したいのかはっきりとは定まっていなかった。理系の科目が好きだったので、その方面の勉強をしたいなとは思っていたが、それ以上に「いろんなものを見て、チャレンジしてみたい」というのが17歳の私の率直な希望だった。こんな私にとって、スタンフォード大学は学生として過ごすのに最高の環境だったのではないかと思う。

　高校2年生が終わった夏休みに、私は同級生二人といくつかの大学を見学に回った。東海岸の大学を転々とした後、最後に私が見たのがスタンフォードであったが、私はその場で「この大学に来たい！」と惚れ込んでしまった。何よりも私が気に入ったのは、その明るさと規模の大きさだった。カリフォルニアという土地柄もあってか、気候も雰囲気も明るくリラックスした感じだし、さまざまな人種の人たちがいるし、私がそれまでいた New England の雰囲気とは一転したものだった。

　また、大学の規模に圧倒された。とても、一日で見て回れるような大学ではない。それも、多くの施設がいわゆる一級品のものなのだ。断っておくが、私は New England の小ぢんまりとした college がよくないと言っているのではない。ただ、私の高校はマサチューセッツの全校300人程度という小さな学校だったので、このギャップが凄く新鮮で刺激的だった。特に、私は「大学ではたくさんのものをみて、自分のやりたいものを探してみたい」と思っていたので、この環境はまさに私が望んでいたものであったと思う。

能力もモチベーションも高い学生に囲まれて

　スタンフォード大学は総合大学であるから学部の数も多いし、どの学部もレベルが高く、その分野で全米1位の学部も数多い。集まった学生たちの能力もモチベーションも高いから、好奇心旺盛な私にとっては恵まれた環境だったと思う。

　アメリカの大学では、学生は能力のある一人の人間として尊重してくれる。学生として嬉しいことは、大学が undergraduate（大学院に対して「大学」のこと）の学生にも多くのチャンスを与えてくれるということで、特にスタンフォードではその傾向が強かったように思う。Undergraduate の学生の研究に対するサポートも多く、私も卒業論文のために奨学金をもらって Medical School（大学院医学部）の研究室でほぼ2年間勉強し研究できた。専門以外のさまざまなこともできた。ちょっとした興味で取った国際政治学の授業が非常におもしろくて、結局、私は政治学を私の minor（副専攻）にしたし、入学してから4年間大学の近くの小学校でボランティアとして子どもたちに勉強を教えたり、そのボランティアグループのスタッフとしても働いた。勉強にボランティアに遊びに大変な4年間だったが、それだけおもしろくてやり甲斐のある4年間だったと思う。

アメリカで大学に進学するには

　私が高校3年の時に出願した大学は6校あって、そのうちの4校に合格した。その4大学の中にスタンフォードが入っていたのだから、私は恵まれていたと思う。アメリカの大学は各大学に Admission Office があり、そのスタッフが、学生の高校での成績、課外活動、教師からの推薦状、学生のエッセー、SAT®スコア、面接などの情報を基に出願者の合否を判定する。ちなみに、私はこのほかに TOEFL®スコアも各大学に送った。つまり、入学試験一発勝負の日本と違って、アメリカでは高校の3～4年の間どのような生徒であったかということが最も大事になってくる。

認められた高校での懸命な姿勢

　では、私がどうして希望通りの大学に行けたかというと（自分なりの勝手な分析をしてしまえば）、私の高校の環境がよかったのだと思う。自分で言うのは変かもしれないが、私は高校で留学という夢が叶ったことが嬉しくて、授業もスポーツも一生懸命だった。「絶対に恥ずかしい結果にはしたくない」という意地もあったし、現に毎日の学生生活が楽しかったのだと思う。高校の生徒数

が少なかったのも幸いして、私の努力と結果を先生たちが評価してくれたのはありがたかった。もう一つ私が恵まれていたことは、高校の進路指導（college counseling）がよく、大学に出願する際に非常に細かな指導をしてくれたことだ。この点に関しては、もし高校留学の学校選びをしているのなら、学校のパンフレットに載っている卒業生の進路先を見れば、大体の目安になると思う（あくまでも目安であるが）。

　お断りしておきたいのが、私がするスタンフォード大学の話は、私の主観的なもので非常に偏見のあるものかもしれない。参考になるかどうかもわからない。でも、私は母校であるスタンフォード大学が本当に大好きであり、スタンフォードでの体験は私の人生の中のかけがえないものであったと胸を張って言える。これから留学する皆さんの経験が、皆さんにとってそんなものになることを心から願いたい。

留学経験がなければ今の自分はない

神藤 拓　Taku JINDO
早稲田大学理工学部卒業。Washington and Lee University（バージニア州）に編入、卒業

将来自分は何をするのだろうと悩んでいた日々に

　私は栄 陽子留学研究所を通じ Washington and Lee University に編入生として入学し、卒業するまでの2年間を Virginia 州 Lexington で過ごしました。

　留学への興味は中学・高校で素晴らしい先生方に恵まれ、英語を学ぶことに興味を持ったのがきっかけです。英語を言語、つまりはコミュニケーション・ツールと捉え、英語を話せれば世界中の様々な人々と価値観を共有することができると思い、自然といつかは日本の外で世界を見てみたいと考えるようになりました。

　ただ、私の場合は高校卒業後すぐに留学したのではなく、日本で4年間を早稲田大学で過ごし卒業してからの渡米となりました。早稲田では理工学部に所属していましたが、自分の専攻に興味を持てず、将来自分は何をするのだろうと漠然とした不安感を募らせている日々。そんな中、それならば何か面白いものはないかと本を読んでいるうちにマーケティングに興味を持ち、勉強してみたいと思うようになりました。当時留学への夢はありましたが、英語は目的ではなくツールだと考えてもいたため、英語を使って学ぶ対象について悩んでいた私は、「ビジネスの中心地アメリカでマーケティングを勉強する」なんて格好いいじゃないなどと思い、栄 陽子留学研究所の門を叩くことになったわけです。

目的にあう学校を選ぶ

　学士号を既に取得後ということもあり、当初はビジネススクールも視野に入れていたのですが、職歴も知識のバックグラウンドもないことから、Business Administration Major での second bachelor's degree（第二学士号）を取得することにしました。栄 陽子留学研究所ではカウンセリングを始め、自分の目的に合う学校選び、そして出願ととてもお世話になりました。選んでいただいた学校の

中でも Washington and Lee（W&L）は全米で9番目に古い歴史があり、全米で初めて Business Major を設けた大学としての定評もあったので第一志望でした。出願時の TOEFL®テストの要求点数は比較的高く、100 でしたが、英語は好きだったためそれほど苦ではありませんでした。ただテストには慣れもあるためなるべく毎月受験するようにしたところ、点数が下がる事は一度もありませんでした。TOEFL®対策という言葉を耳にしますが、英語を学んでいれば点数は自然と上がるものなのではないかと思います。余談ですが、洋楽のラップのCDをずーっと聞いていたら Listening が上がりました。

W&L での始業を前に Michigan 州にある Central Michigan University にて他の栄 陽子留学研究所の学生と共に約1か月の準備プログラム（サクセス講座）を受講し、今後も生涯を通じて歩むであろう大切な仲間と出会うことができました。彼らの存在は留学生活の大きな支えとなりました。

授業が始まれば皆同じ

8月下旬、W&L での International Students Orientation での衝撃から私の留学生活は始まりました。留学生というのは名ばかりで皆ネイティブレベルの英語。それぞれの国の訛りでまくし立ててしゃべるので、スタンダード・イングリッシュに慣れている私にはちんぷんかんぷん。それでも彼らはお互いにわかりあっている様子。私はその中でただただあっけにとられ、これからやっていけるのだろうかと不安になったのを覚えています。

しかし授業が始まってしまえば皆同じスタートラインからの学習。授業前にしっかり教科書を読んで臨めば、教授の発言を逐一聞きとらなくても理解はできるし試験でも成果はだせます。ただ、やはり初めのうちは教科書の1チャプターを読むのに何時間もかかる始末。それに加えてレポートの提出やグループワークがあります。できるだけ教授のオフィスへ質問しに訪れ、1年目をなんと

か乗り切ることができました。質問などたいしてなくてもオフィスに顔を出したりしているとお互いに話しやすくなりますし、自分の気持ちの持ちようにも影響します。初めのうちは、毎日が大変なことを説明してレポートの提出を少し待ってもらったこともありました。

広がってゆく視野

　日々悪戦苦闘を繰り返しているうちに1年目が過ぎ、2年目に突入。ここで念願のマーケティングの授業を受けることができました。しかし実際に勉強してみるとこの分野では理論が現象の後付けであることが多いように感じ、自分にはあまり向いていないなと感じるようになりました。しかしこれは落胆ではなく、実際にやってみて見出すことのできたことであり、自分の方向性を考えるときに考慮するべき重要なファクターを知ることができたと思っています。一方、今まで触れたことのなかった経済学の授業を取ったことで自分の視野が広がりました。日本では理系という枠組みにはめられていて経済学など取る機会すらありませんでしたが、学んでいてとても楽しく、毎回の授業が楽しみになりました。教授のオフィスにも毎週のように通い、理解を深めることができ、最終的には Business Administration Major にとどまりましたが、Economics Major に途中で変えることも考えました。

　学校も含め Lexington の町はほとんどが白人で、場所柄もあり保守的な雰囲気ですが、教授陣は質問に来る学生をとても歓迎し、わかるまで丁寧に教えてくれました。やはり南部のハーバードを自称するだけあって授業は密度が濃く、しかも少人数でのクラスがほとんどなので日本で過ごした4年間の大学生活よりも W&L での2年間の方が様々なことを学んだ実感があります。

多様な価値観に触れるキャンパスライフ

　ただ、留学生活は勿論勉強だけではありません。W&L は全米でも指折りの美しいキャンパスを持つ大学とのこと。キャンパスの緑の芝にはリスが、寮の周りにはシカやスカンクが出没したりと自然があふれています。しかし裏を返せば都会的な要素は皆無。恐らく最も exciting な場所は車で10分程の所にあるスーパーマーケットの Walmart でしょうか。遊ぶところがないから勉強に集中できると言う人もいますが、正直なところこの田舎っぷりには生まれも育ちも東京だった私は閉口しました。

　一方、キャンパスの外に行く場所があまりないため、学校内でのパーティーが盛んに行われています。特に Fraternity、Sorority に入る学生の割合が高く、少し言いすぎかもしれませんが、男子では8割方の学生がどこかの Fraternity に所

属していたのではないでしょうか。それぞれの Fraternity はキャンパス内に House を持っていて、共同生活を通して絆を強め兄弟のように仲良くなります。このつながりは世代を超えて発展していくため、ゆくゆくは就職活動の際に有利にも働くようです。

　W&L において特筆すべきは、Speaking Tradition、Honor Code の 2 つの伝統を実践していることでしょう。Speaking Tradition とは、キャンパス内ですれ違う際に知らない相手であっても必ずお互いに声をかけることでコミュニケーションを図るというものです。"Hi." "How's it going?" 程度ですが、笑顔で挨拶をされるとやはり気持ちのいいものです。Speaking Tradition が人の外面を表すとしたら、Honor Code は内面を磨くもので、自分の良心に従い誠実さをもって行動するというところでしょうか。この点において学生は大学側からも信頼を与えられており、試験期間中はそれぞれの学生がどのテストをいつ受けるかを自らスケジュールすることができます（もちろん試験期間が終了するまではテスト内容について話すことは禁じられています）。また、解答用紙の最後に必ず "pledge" を書くことになっています。"On my honor, I pledge that I have neither given or received any aid on this exam." のように、不正をしていないことを表し最後にサインをします。教授によってはこの pledge がない場合は採点すらしてくれない人もいました。

　ここでの Academic Year は変則的に 3 Semesters に分かれていて、約 12 週間の Fall Term と Winter Term、6 週間の Spring Term があり、その間には勿論休みがあります。普段勉強に追われている学生は皆 Hometown に帰ったり、旅行をしたりと羽を伸ばすのでキャンパスは一転静かになります。私は Maryland 州の友達の実家へ一緒に連れていってもらったり、カリフォルニアにいる日本からの友達のところへ遊びにいったりしていました。2 年目の夏休みにはハーバード大学で 2 か月サマースクールを取り、必要な単位を取得しました。以前 Boston を訪れたときからその街が好きだったことに加え、世界的にも有名なキャンパスで学べたことでとても充実した時間を過ごすことができました。しかし Harvard といってもサマーコースはそれほど大変ではなく自由な時間もかなりありました。また様々な国からの留学生が集まってきていましたから、多様な価値観に触れてお互いに影響しあうことで授業外でも多くを得ることができました。

留学で培い自分の糧になったもの

　さて、最終年度の秋ほどにもなると卒業の目処もつき、皆就職活動を始めます。私の場合はというと、面接官にとても気に入られたという幸運もあり、1

か月ほどであっけなく終了しました。私はまずボストンで毎年開かれているキャリア・フォーラムに足を運びました。これは日本からの留学生を対象とした大規模なリクルーティング・イベントで、全米から学生が集まってきます。この時はまだ就職に対してまだ実感がなく、キャリア・フォーラムにはとりあえず行くものらしいというくらいの気持ちで参加しました。ここでは大手保険会社からいい返事をいただき、次回日本に帰った際に最終面接をする運びとなりました。しかしより多くの企業を見てみたかったため、その後開かれた New York でのキャリア・フォーラムへも赴き、結果、外資系金融情報サービス会社からオファーを貰うことができました。やはり今までの経験を生かし、またさらに海外と関わっていくことで自分の感覚を磨いていきたかったため、私は後者を迷わず選びました。その会社で働き始めて4年が経過して現在思うことは、あきらめない心、わからなくてもやってみる姿勢が大切だということです。そしてこうした姿勢はすべてアメリカで過ごした時間で大いに培われたと思いますので、留学経験がなければ今の自分はありません。

　Virginia での日々を思うと、もちろん楽しい経験と同時に辛い思い、悔しい経験もたくさんしました。しかし確実に言えることは、すべて自分の糧になっているということです。これから渡米する皆さんには留学生活を通して、自分と向き合うと同時に世界に目を向け、優れたバランス感覚を育んで欲しいと思います。

[4] 挑戦者たちの記録

目標達成のためには行動を起こすこと

武田悠作　Yusaku TAKEDA
Wesleyan University（コネチカット州）に在学中

少数精鋭教育のリベラルアーツ大学

　私が通うウェスリアン大学（Wesleyan University）は、コネチカット州の田舎、ミドルタウンにキャンパスがあります。東海岸の名門リベラルアーツ大学群、リトルアイビーの一校で、アマースト大学（Amherst College）、ウィリアムス大学（Williams College）とともに"Little Three"とも呼ばれています。学生数は約2,800人と、リベラルアーツ大学としてはやや大きいものの、教員と学生の割合が1:8と、リベラルアーツ大学の特徴である少数精鋭教育はしっかりと維持されています。キャンパスを歩いていると、友達だけでなく、教授や職員の人からも名前で、"Hey! What's up, Yusaku?"と声をかけられるというのは、リベラルアーツ大学ならではの経験であると思います。

　キャンパスは、"The Most Liberal Campus of the Nation"（全国で最も自由な大学）とも呼ばれており、学生はいわゆる、「ガリ勉」ではなく、いろいろな課外活動にとりくみ、自分たちの意見を演劇や映画など様々な形で社会へ発信しています。小さい大学ではありますが、キャンパス内では毎日いろいろなイベントが行われています。積極性さえあればなんでも挑戦できるのも、ウェスリアン大学のすばらしい点です。

留学生はイランの王女からイエメンの紛争地域出身まで

　ウェスリアン大学での生活も1年が過ぎました。こちらへ進学してよかったと感じることの一つとして、世界中に広がった人脈というのがあります。一般にアメリカ留学というと、アメリカの文化やアメリカ人の学生との交流に着眼しがちですが、アメリカの大学、特に名門大学にはアメリカはもちろん、アジア、ヨーロッパだけでなく、アフリカ、中東など世界中から「超」のつくエリートたちが集まっています。例えば、ウェスリアン大学では、留学生は全学生数

の約10％、私の学年だけでも世界40カ国籍以上にのぼります。その出身階級も、イランの王女やフランスの貴族をはじめ、ケニヤのスラム街やイエメンの紛争地域出身の学生まで多種多様です。様々な環境で生まれ育った学生が、これまた様々な環境・階級出身のアメリカ人学生に混ざり、宗教、人種、文化を超え、「人と人」として学び合い、ふざけ合い、たまには喧嘩なんかしたりしながら共に生活しています。それは、もはやアメリカの文化ではない、ウェスリアン大学独特の国際的な文化を作り上げています。

　アメリカの名門大学へ進学するということは、世界中の一流の学生と4年間ともに生活するということなのです。そして、その経験を通して得た人脈は、日本の大学へ進学することでは絶対に得られない、私の一生の宝物になることでしょう。

留学は、詰め込む勉強ではなく研究する勉強

　勉強に関しては、渡米前の「とにかく大変」という印象とは裏腹に、実際に1年経ってみると、とにかく楽しいということを強く感じます。クラスは平均約20人以下ととても小さく、世界最高クラスの教授たちから直接指導を受けることができます。もちろん勉強量は多いですが、日本の受験勉強のような詰め込む勉強とは異なる、文献を読み、自分で考え、論文を書き、授業で発言するといった全く新しい勉強は、純粋に楽しいです。ペーパーと呼ばれる小論文も、比較的自由に題材を選ぶことができ、自分の興味のあることを研究することができます。例えば、私は先学期の心理学の期末論文で、自分が北海道出身であるという単純な理由から、北海道民とアメリカ人の性格の共通性について研究し、教授から大変良い評価をいただきました。

　たとえ、多少分からないことや行きづまりがあっても、教授に相談することで大概は解決します。少人数であるため、授業でどんどん質問したり、教授に頻繁に会って直接話しをすることもできますし。また、ウェスリアン大学は特に、書くことに非常に力を入れており、大学からいろいろなサポートを受けることができます。訓練を受けた生徒たちが、個人指導をしてくれる"Writing Mentor"制度や、駆け込みで助けを受けられる"Writing Workshop"などがあります。私の場合は、ライティングの教授に特別にお願いして、頻繁に個人的に添削をしてもらいました。こちらの勉強は、学力、視野の広さ、生命力（笑）すべてにおいて進化をしていく自分を実感できる、とても満足のいくものです。大学の職員は皆、「過保護」なほど親切で、勉強だけではなく、生活、進学、就職などのいろいろな面で相談にのってくれます。

[4] 挑戦者たちの記録

専攻は柔軟に決められる

　リベラルアーツ大学であるウェスリアン大学では、専攻を決めるまでに通常2年間の猶予があるため、学生は専攻にとらわれず様々な科目を履修することができます。私自身、この制度の恩恵を大きく受けました。私は食糧問題に興味があったということもあり、専攻は農業経済学と高校時代にすでに決断していました。最初に栄 陽子先生のカウンセリングを受けた際も、「農業経済を勉強するためにアメリカへ留学したい」ときっぱりと言いきっていました。結果的にリベラルアーツ大学へ進学することになりましたが、その時点でも、大学課程の4年間は、生物学、経済学といった科目を農業経済学の基礎として専攻しようと考えていました。しかし、渡米後、大学の様々な友達や教授と話をし、様々な科目を履修するうちに、最終的に総合社会科学部（College of Social Studies、通称CSS）を専攻することにしました。CSSは、ウェスリアン大学の独自の専攻で、1学年約700人から選抜された30人が、社会科学（経済、政治、哲学、歴史など）を多角的な視野から学びます。2年生時に課される莫大な読書と論文から、学内ではCSSをもじり、"College of Suicidal Sophomore"（自滅的な2年生のための学部）などとも呼ばれています。

　食糧問題という非常に複雑な問題に興味がある私にとって、社会科学、特に、経済学、政治学、政治哲学を多角的に学べるということと、名門大学院からの評価も高く、大学院の選択肢が広がるということはとても魅力的でした。また、非常にハードな学部である分、読み書き、討論、物事を批判的に分析する能力が徹底的に鍛えられるので、大学院に進学した際、どのような教科を勉強することになっても対応できるようになるというだけではなく、将来、社会人として社会に積極的に参加できるようになれるという狙いもありました。

　CSSに加えて、まだ定かではありませんが、2つ目の専攻として環境学も考えています。ウェスリアン大学は、質の良い環境学を備えています。しかし、入門用のクラスを受講してみて決断しようと思います。実際、こちらで何気なく履修してみた教科に思いがけずに魅了され、当初とは全く異なる専攻をした友人が何人もいます。このように、自由にクラスをとってみて、柔軟に専攻を決められることは、リベラルアーツ大学の大きな利点であるといえます。

合格に肝心なのは学校の成績、エッセー、課外活動

　話はもどりますが、留学準備を始めて真っ先に取り組んだのはエッセーの作成でした。栄 陽子留学研究所のカウンセラーの付きっきりの指導で、ブレインストーミングから始めて、日本語で何度も書き直したのち英訳し、また書き直

しを繰り返して、合計で半年近く費やしました。結果、自分でもとても納得のいくエッセーを書き上げることができました。出願先は農業経済学の専攻がある大規模州立大学が中心でしたが、担当カウンセラーの薦めで、リベラルアーツ大学数校にも出願することにしました。

エッセーがとても良いということで、TOEFL®スコアとSAT®スコアが満足いくものではありませんでしたが、フリーマン奨学金に出願をすることにしました。この奨学金は、アジア11カ国からそれぞれ1人ずつ選ばれた学生を全額奨学金付きでウェスリアン大学に送るというものです。願書締め切りまで2週間をすでにきっており、電撃的な決断でした。カウンセラーの直感がみごと的中し、書類審査と東京での面接を経て、奨学金を勝ち取ることができました。運命を感じる瞬間でした。

これらの経験からいえることは、とにかく学校の成績とエッセーに全力をささげることが重要だということです。私は勉強不足が明らかなTOEFL®スコアとSAT®スコアでも、100％の自信を持って書き上げたエッセーとそれなりに良かった学校の成績で合格を勝ち取りました。結局、TOEFL®スコアは授業についていけるだけの英語力を持っていることを証明するだけの指標であり、生徒の優秀性を示すものではありません。それに加え課外活動も重要です。私の場合、中学と高校での主将を含めた11年の柔道の経験が面接で大きな武器になりました。私以外でも、大学の要求であるTOEFL®テスト100点を下回っていても、学校の成績、エッセー、課外活動などの実績により合格した友達が何人もいます。そして、彼らは皆、実際に良い成績をおさめています。

読み書きと諦めない気持ちが大事

留学前の勉強で重要なことは、読み書きの力を磨くということです。アメリカの大学では、読み書きを非常に重要視します。会話能力はこちらで生活していれば上達しますが、読み書きは練習を重ねる必要があります。アメリカ人で

［4］挑戦者たちの記録

も落第点の論文を書いてしまう学生がいるほどですので、英語が母語ではない、特に書く練習の欠く教育環境で学んできた日本人学生にとって、書く訓練をすることは非常に重要です。入学直後、ほとんどの留学生のように、授業内容を完全に理解できない段階でも、教科書を読み込んで内容を把握し、しっかりとした論文を提出することで、自分が授業の内容を理解しているということを教授に示すことができます。会話はできるが授業についていけないということは十分にあり得ますが、読み書きがしっかりできればクラスで落第するということは、数学や物理のような一部の理系科目を除き、あり得ません。

それ以前に、一番重要なことは絶対に諦めないで常に行動を起こすことです。留学を決意するのに遅すぎるということはありません。目標をしっかりと作り、それを達成するために全力で取り組むこと、そして、現状を嘆かずに行動に移すことが大切です。行動を起こすことで、考えもしなかったことが見えてくるものです。

[4] 挑戦者たちの記録

夢中で数学してもいいじゃない！と今なら言える

杉本絢香　Ayaka SUGIMOTO
Washington College（メリーランド州）卒業。
Georgetown University（ワシントン D.C.）大学院在学中

環境の変化を求めて

　2006年から現在（2011年）までアメリカに留学しています。2010年にメリーランド州にあるワシントンカレッジを数学と経済専攻で卒業し、現在はワシントンD.C. にあるジョージタウン大学の数学・統計学専攻の大学院生です。わたしがまだ高校生でその先の進路について考えていた頃は、まさか自分が6年後に数学で大学院に通うことになるとは考えてもいませんでした。

　わたしがアメリカへの留学を決意したのは、高校2年生の頃でした。同じ私立の学校に小学生から11年間も通っていたこともあり、当時のわたしは環境の変化を求めていて、大学では今とまったく違う世界を体験したい！と強く望んでいました。わたしの学校は、大学受験をしなくても成績などの条件を満たせば推薦で附属の大学に進学することもできるシステムで、半数の生徒が推薦入学という道を選択するので、高校1年生の頃は自分もそういう道に進むのだろうなあとぼんやりと思っていました。ところがいざ進路を決定しなければいけない時期が近づいてくると、どうしても推薦でそのまま入学するのが嫌になってしまったのです。わたしは以前から外国語が大好きで、高校1年から中国語を習っていましたし、英語の授業も楽しんでいました。留学すれば、環境も大きく変わるし、好きな外国語も使うチャンスがある、そうピンときた瞬間、わたしの心は決まっていました。一人っ子ということもあって、はじめは親にも心配され反対もされましたが、留学したい一心で今まで熱心にしていなかった勉強をするわたしの姿に、いつの間にか両親も応援してくれていました。

この大学を選んで本当によかった

　わたしは、実は留学を決めた当初は、数学にも経済にも興味はありませんでした。特に数学については、女の子が数学なんて気持ち悪いしかわいくないと

いう反感もあってか、成績は特に悪くなかったけれど避けていて、高3では数学は一切とらず、結局数学Bまでしか勉強しませんでした。そんなわたしが出願時に専攻しようと思っていたのは、国際関係学です。当時中国語の勉強に夢中だったわたしは、中国にとても興味をもっていて、日中関係やこれから中国が世界でどんな役割を果たしていくのか、ということにすごく関心があったのです。そのことを中心にエッセーを書き、ワシントンカレッジといくつかの大学から入学許可をいただきました。その中でもワシントンカレッジを選んだのは、気候が良さそうだったのと、キャンパスの写真がとてもきれいだったのと、奨学金をいただくことができたからでした。

　直接大学を見学する機会がなかったので、大学選びはとても難しかったのですが、いざワシントンカレッジに入学すると、予想以上に楽しく、この大学を選んで本当によかったと思いました。規模が小さいので友達を作りやすく、クラスも少人数なので教授ともコミュニケーションが取りやすく、食べ慣れないカフェテリアの食事を除けば、楽しいことばかりでした。もちろん文化や人々も全く違うし、それに出身地の東京とは正反対の畑に囲まれたキャンパス。環境の変化という意味でもわたしの元々の希望を満たしていました。

興味の対象は経済学から数学へ

　勉強の面では、授業が始まって1か月以内にわたしの中で変化が生まれました。政治の入門のクラスですぐに、国際関係の軸である政治というトピックにどうしても興味が持てないことに気がついてしまったのです。入学願書のエッセーを書いていたときのわたしは、日中関係を勉強するということが本当はどういうことなのか全くわかっていなかったのだなあと思い知らされました。高校生の頃、何に興味があるのかはっきりしていない人はきっとたくさんいると思います。アメリカの大学では、1、2年目は専攻を決めていなくてもよいので、大学に入ってからいろいろな授業を受けて本当の関心を模索できるというのが、日本の大学と比べてとてもいい面だと思います。

　そのような状況のなかで、興味を持ったのが経済学でした。高校ではまったく興味を持つことのなかった分野でしたが、簡単なグラフなどを用いて、需要と供給の関係、それによって物の価格が決まる過程、どのように需要や供給が移り変わっていくのかなどを勉強するのが、新鮮で楽しかったのです。もちろん最初の年は、言語や文化の壁も多少あり、音楽史や哲学などは苦労しました。でも経済はグラフなどを使うおかげで授業の内容もわかりやすく、わかる楽しさというのも経済学への関心を高めたのだと思います。その後、基礎のクラスを終えると、経済の中でも様々な分野の経済を勉強する機会がありました。発

展途上国についての経済、都市での経済（どのようにして都市はできあがっていくのか）、世界貿易、などなど、どれも興味深い授業ばかりでした。

　大学２年生を終える頃には、卒論を除き、経済学メジャー（専攻）として必須の授業を取り終わってしまったのですが、その頃に数学に出会いました。高校２年生以来数学をまったく勉強していなかったのではじめはサイン、コサイン、という単語を聞くのすら怖いという悲惨な状況でした。経済学で必須とされていた、統計学入門とカリキュラス１（微分）の授業で多少数学の勘を取り戻していたわたしは、経済学の授業を取り終わってほかに取りたいものがないから、というなんとも消極的な理由で、カリキュラス２（積分）を取ることにしたのです。今思えばその授業を教えていた教授がわたしの数学への興味を引き出してくれたのでしょう。そのまま同じ教授のカリキュラス３を次のセメスターに履修しました（ちなみにカリキュラスは 1. Differential Calculus、2. Integral Calculus、3. Multivariable Calculus という３つのクラスで完了する形になっているのですが、その３つをすべて取る学生はわたしの学校では数学メジャーかマイナーの学生ぐらいです）。

　結局数学に引き付けられてしまったわたしは、３、４年次にはほとんど数学の授業しか取っていませんでした。毎日のように教授のオフィスに通い課題の質問をしているうちに、４人しかいない数学学科の教授とも仲良くなっていきました。数学学科は卒論やほかの学生の前で数学の問題を解く計６回のプレゼンテーションなど、専攻の学生に要求するものが多く、それを卒業予定の時期までにすべてこなす自信のなかったわたしは３年生まで、数学をマイナー（副専攻）にして卒業するつもりでいました。が、経済学では自分の本当に好きなエリアが見いだせなかったにもかかわらず、数学ではそれがはっきりとしていました。数論と幾何学です。最終的には卒論を書く決意をし、正多角形を目盛りのない定規とコンパスだけで書くことがテーマになった Euclid の Elements という本の第４巻、そして Gauss による正17角形が定規とコンパスだけで書けるという証明という、主に幾何学と数論を軸にしたテーマの卒論を書き、数学メジャーになることができたのです。

　一方、経済のほうは自分の興味のある経済の特定のエリアが見いだせなかったのと、スケジュール上の都合から卒論ではなく、総合テストを受け、経済メジャーとして卒業しました（数学学科と違って経済学科は卒論が必須ではなく、卒論のかわりに総合テストを受けることが可能だったのです）。大学院の願書作成、卒論執筆、プレゼンテーションの準備、経済の総合テストの勉強など、４年目はほんとうに多忙でしたが、ダブルメジャーになることで可能性が広がったので、頑張って本当によかったです。それに、それを乗り越えることに

[4] 挑戦者たちの記録

よって自信もつきました。

マスターの学位をとって可能性を広げる

　勉強面とは別に、3年生ぐらいになると将来のことも考えるようになります。特に日本では大学3年生から就職活動を始めるので、親など日本にいる人たちには卒業後のことをその頃からよく聞かれるようになりました。わたしはとにかくアメリカにいることが心地よかったので、卒業してもアメリカに残りたいという願望がありました。しかし、アメリカの就職状況は日本と同様に厳しく、わたしのような外国人がアメリカでそう簡単に就職できるとは思えません。

　外国人がアメリカで働くには就労ビザが必要です。そして就労ビザは個人で申し込むことはできず、企業が雇いたいと思った人にスポンサーをする形でお金を払って申し込むのです。アメリカの企業があえてお金を払ってまで、ほかのアメリカ人ではなくわたしを雇おうと思ってくれるような、何か特別な能力があるのか、自分でも疑問だったのです。だったら大学院に進学してさらに知識をつけて、マスターの学位を取って可能性を広げよう。それがわたしの決断でした。それに勉強が楽しかったので、もう2年間勉強を続けることもやりたいことのひとつでした。さらにアメリカでは日本より大学院に進むことがさかんなのか、周りに大学院進学を志す友達も多く、そのことも背中を押してくれました。わたしがアメリカでの生活を楽しんでいること、そして学生としても頑張っていることを知っていた両親も、そのことに賛成し、応援してくれました。

もう一度、経済学か数学か

　大学院進学を決意したわたしがまず悩まなければならなかったのは、経済と数学どちらを取るか、でした。大学院は大学と違い、専攻を決め、学校ではなく学部に直接入学願書を送るので、自分の勉強したいことを第一に知っていなければいけないのですが、ダブルメジャーだったわたしはまずそこからが悩みの種でした。知り合いに相談すると、数学を大学院で勉強して将来何になるの？経済のほうが就職に有利なのでは？という意見が多く、経済に心が傾きもしました。でも経済よりも数学に夢中だったわたしは、就職事情よりも何よりも好きなことが勉強したい、という願望もあり、決断は本当に難しかったです。結局入学願書作成時にも決まらず、レベル相応な大学からチャレンジ校を含む計6校の8プログラム（経済6プログラム、数学2プログラム）に願書を提出しました。そして、経済、数学の両方のプログラムを含む、全部で5つのプログラムから入学許可をいただくことができました。

大学院の願書を提出してから、提出したすべてのプログラムの合否結果が出るまでに4か月はあったのですが、実はその間にわたしの心はかなり数学に傾いていました。でも、就職の可能性を広げるためということもあって、大学院に進学するのに数学科を出て可能性が開けなければ意味がありません。そこでまずお世話になったのが、大学のキャリアセンターでした。経済、または数学で進学をしたらどのような職業の選択肢が生まれるのかを相談しました。そこで教えて頂いたのが、数学の可能性でした。数学と聞くと、教授のような研究者、というような職業をイメージしてしまうけれど、実際には一般の企業でも数学の知識は必要とされていて、仕事の可能性は実は経済を勉強しているのと同じぐらいある、とキャリアセンターの方に、具体的な職業を例に出して教えて頂き、とても励まされました。それから経済の教授にそのことを相談すると（経済の教授方はもちろん教え子たちに経済を続けてほしいので、ほんの少しだけがっかりした様子でしたが）、大学院レベルの経済になるとさらに数学が密接になるので、数学を勉強してからまた経済を勉強するというのもとてもいい選択肢だ、と新たな可能性も指摘してくださいました。

さらに究極の選択問題

　大学院で数学を勉強すると決めた後は、数学学科の教授方に今度はどちらのプログラムが適しているか相談をしました。数学で入学許可を頂いたプログラムはふたつでしたが、そのうちひとつは Pure Math、もうひとつは Applied Math and Statistics と、同じ数学のプログラムでも内容が大きく違ったのです。それにそのうちひとつの大学には、100％学費免除というとても魅力的な条件を出して頂いていました。しかしもうひとつのプログラムはジョージタウン大学というチャレンジ校。たったの2択なのに、当時のわたしには究極の選択問題だったのです。数学学科の教授方はわたしの数学のいろいろなクラスでの様子をもとに、適している数学のエリアを示唆してくださったり、とても親身に相談に乗ってくださいました。結局、その教授方の意見と、それからキャリアセンターの方の職業面での可能性についての意見、さらに両方の学校に実際に足を運び、すべての要素を考慮してジョージタウン大学の Math & Statistics のプログラムに入学することを決めました。

大事な個性をアピールできるエッセーと推薦状

　ところで、大学院の願書を作成しているときに重要だと感じたのは、自分のエッセーと推薦状です。GPAの高さやGRE®スコアも無関係ではないと思いますが、大学院に進学する人はある程度のGPAやGRE®スコアがある人が多く、

個性をだすことが重要だと感じました。大学の入学願書を出したときも同じようなことを栄 陽子留学研究所のカウンセラーの方々から言われましたが、大学院に出願したときはさらに強くそう感じました。入学願書として提出する書類の中で、わたしという人物像をテストの点数という観点でない部分から表現するのが、エッセーと推薦状です。エッセーでは自分で自分の個性や強みをアピールし、推薦状では周囲の教授方からみた自分のよいところを書いて頂きました。自分のエッセーでは、授業や卒論、プレゼンテーションを通して得た経験はもちろん、インターンシップでの経験がすごく役に立ちました。わたしは大学3年生の夏休みにWashington Centerというインターンシップのプログラムを通して、ワシントンD.C.で約3か月、Department of Veterans Affairsという政府関係の組織でインターンをしていました。主にデータ分析をしていたのですが、そのときにはじめてプロフェッショナルといっしょにフルタイムで仕事をさせていただき、働くとはどのようなことなのかを身をもって体験し、垣間見ました。そこで発見した自分の強みや、そこで得ることのできた新しい強みをエッセーではアピールしました。

　推薦状は自分ではどうすることもできない書類なので、以前から教授とたくさんコミュニケーションを取って自分のことを知っていただいていたことがとても助けになりました。特に3、4年次にたくさんお世話になった数学の教授には、推薦状をお願いしたときに、絢香のあんなエピソードを書いておいたよ、こんないいところも書いておいたよ、と提出後に口頭で教えてくださる教授もいて、その内容のすばらしさに心から感謝しました（もちろん実際の推薦状は読むことができませんが）。自分のエッセーも推薦状も、そして大学でのGPAもどれも4年間の積み重ねの結果なので、大学院に入学するときは、願書を出している地点の自分だけではなく、その過程やどのような成長をしたのかもみられているのだなあと感じました。

たくさんの人たちとの出会いと支えと可能性

　そして今、ジョージタウン大学で勉強を始めて1年が経ちました。大学院で勉強する数学は、大学で勉強していたことに比べると一段とむずかしく、大学にいた頃も精一杯勉強しているつもりだったにもかかわらず、それよりも必死になり、また苦労しながら充実した日々を送っています。2006年から今までを、今回の体験談を書かせていただくにあたり振り返ったのですが、本当にたくさんの人に出会い支えられながらやってきたのだなあと改めて感じました。大学に入学するにあたりお世話になった高校の先生、栄 陽子留学研究所の皆様、大学に入ってから出会いお世話になった大学の教授、キャリアセンターの皆様、

インターンシップを通して出会ったプロフェッショナルの方々。大学院でお世話になっている教授の方々。そしてずっと支えてくれる家族、友達。今のわたしの状況はわたしの頑張りだけでなく、そのようなたくさんの方々の支えもあって、得られたものなのだととても感謝しています。

　アメリカに留学したからこそ経験した苦労もたくさんありましたが、その分得たものもたくさんあります。アメリカに留学していなかったらこんなに勉強する機会はなかったかもしれないし、ましてや数学を勉強することなどなかったでしょう。それだけでなく世界のいろいろなところに友達もできたし、授業やインターンを通して自分で自分をアピールする方法、人前で何かを主張する勇気、なども得られました。様々な文化や経験に触れることで偏見が少なくなり、いろいろなことに興味を持ってチャレンジすることもできるようになりました。今は女の子が夢中で数学しててもいいじゃないと胸を張って言えます！この先ジョージタウン大学を卒業するまでに、更に何かを得ることができたらいいなと思います。そして、それが更なる自信につながり、将来の可能性をもっともっと広げるきっかけになればいいなと思います。

栄 陽子留学研究所の

アメリカ留学無料講演会・相談会 オープンセミナーのご案内

アメリカ留学について基礎知識を得て、さまざまな疑問や不安を解消できるよう、栄陽子留学研究所では留学講演会および相談会、オープンセミナーを毎月開催しております（参加無料）。ぜひご参加ください。

アメリカ留学講演会

留学の基礎知識を得て、最初の一歩を踏み出しましょう。
★高校留学（東京のみ）
★大学・大学院留学（東京＆大阪）

オープンセミナー

テーマ別のセミナー。知りたい情報が確実に得られます。
セミナー例：高2・高3の大学留学セミナー、編入留学セミナー、大学院留学セミナー、音楽留学セミナー、芸術留学セミナーetc…さまざまな内容を取り上げています。

無料講演会・オープンセミナーの最新の日程・日時はホームページでご確認ください。オンライン予約も承っております。
http://www.ryugaku.com

■自分の留学がよくわかる■
ユニークな栄 陽子の留学カウンセリングをお受けください

留学カウンセリングはまた、人生相談でもあります！

自分が入学できそうな大学のリストがほしいという具体的な希望から、留学そのものを迷っているという人生相談まで、40年の経験をもつカウンセラーがアドバイスします。

栄 陽子のカウンセリングは、留学を勧めるのではなく、「あなたが留学すべきかどうか」から、あなたにとって「一番いい留学のパターンとは何か」を考えてゆくものです。したがって当研究所のカウンセリングは、日本で唯一、有料カウンセリングとなっています。

「オンリーワンの留学」「あなただけの人生の選択」を成功させるためにも、個人指導のカウンセリングをお受けになることが、卒業へのキーポイントになるのです。

■日本初のアメリカ大学情報検索データベースサイト

アメリカ大学ランキング　http://www.ryugaku.ne.jp

全米1,400の大学の情報およびデータを網羅した日本初の本格的なデータベースサイトです。

さまざまな条件から大学を検索でき、また各大学の特徴、難易度、留学費用などの情報やデータをカバーしているので、大学選びに最適なウェブサイトです。

※アメリカ大学ランキングは独立行政法人・中小企業基盤整備機構（経済産業省所管）からの助成金を得て運営しています。

●お問い合わせ・資料請求は下記まで●

SAKAE TOKYO　東京オフィス
〒107-0052　東京都港区赤坂1-11-36
アークヒルズバイカウンテス120
☎ 03-3224-0777　FAX 03-3224-9118
sisa@sakaeyoko.co.jp

SAKAE OSAKA　大阪オフィス
〒530-0018　大阪市北区小松原町3番3号
OSビル12階　芦屋大学大阪キャンパス内
☎ 06-6367-0205

栄 陽子留学研究所オリジナル冊子 さしあげます。

州立大学ってどんなところ？ リベラルアーツ・カレッジってなに？──アメリカには様々な種類の大学があります。その大学の歴史をきちんと理解すれば、それぞれの大学でどのような人がきて勉強しているのかが、よくわかります。

栄 陽子留学研究所オリジナル冊子、『アメリカの大学の歴史とシステム』は、アメリカの大学を選ぶときの大切な一冊です。ぜひお読みください。

冊子が必要な方はメール他、下記までお問い合わせ下さい（無料進呈）。

〈SAKAE TOKYO　東京オフィス〉〒107-0052 東京都港区赤坂1-11-36
アークヒルズ バイカウンテス120　☎03-3224-0777　FAX 03-3224-9118
Eメール　sisa@sakaeyoko.co.jp

〈SAKAE OSAKA　大阪カウンセリングルーム〉〒530-0018
大阪市北区小松原町3番3号 OSビル12階　芦屋大学大阪キャンパス内
☎06-6367-0205

●ホームページでもご覧いただけます！　http://www.ryugaku.com/

栄陽子の 留学生必読の書 （三修社 刊）

- **『アメリカ留学にかかる費用留学奨学金と節約術』** A5判・200頁

    アメリカ留学にはいくらかかるのかを現実的にみつめ、留学費用を節約するための方法を具体的に提案しています。さらに、日本と異なるアメリカの奨学金の概念と種類を解説し、日本人が奨学金を獲得するために知っておきたいことを示します。

- **『留学・アメリカ大学への道』** A5判・280頁

    アメリカ人の教育観や価値観をふまえ、アメリカ人は一体どのように大学に進学するのかを解き明かし、アメリカ人にみる大学のあり方を考えます。そのうえで日本人がアメリカの大学に進学するためにはどのような準備を行うべきか、入学後にどのようなことが待ち受けているかを指南する、いわゆる「アメリカ留学のバイブル」です。編入希望者も必見です。

- **『留学・アメリカ大学院への道』** A5判・240頁

    アメリカでは大学院からしか始まらない分野も多く、アメリカの大学院は日本よりもっと大衆的なものです。日本の大学を卒業した人はみんなアメリカの大学院に行く資格があります。学力・英語力に自信のない人や、何をしてよいかわからない人にいたるまで、アメリカの大学院に進学するための情報が満載です。

- **『留学カウンセラーは自分の子供をどう育てたか』** 四六判・183頁

    「栄陽子留学研究所」を始めて40年の留学カウンセラーの著者が自分自身の子育て体験を交えながら、40年にわたる留学カウンセラーとしての経験をもとに、「子どもにアメリカで教育を受けさせる」ことの意義と実際を記した、いわば「子どもを国際人にするための指南書」です。

- **『音楽留学 in USA』[改訂版]** A5判・224頁

    アメリカには、音楽を専攻できる大学が1000以上あります。クラシックに限らずジャズやコンテンポラリーを学ぶことができ、初心者でも音楽を専攻できます。日本人がアメリカで音楽を学ぶための基礎知識と実践ノウハウを満載した音楽留学本の決定版です。

- **『アスリート留学 in USA』** A5判・224頁

    日本人がアメリカの大学に在学しながら、「学生アスリート」としてバスケットボール、野球、アメリカンフットボール、テニスなどのチームで活躍するための実践ノウハウを満載したユニークな留学本。今まで日本では得られなかった情報がぎっしり詰まっています。

- **『芸術留学 in USA』** A5判・184頁

    アメリカの大学ではまったくの初歩からアートを専攻できます。日本人がアメリカの大学で美術・音楽・演劇など芸術分野を学ぶための基礎知識と実践ノウハウを、具体例を示しながら詳細にガイド。レベルにかかわらずあらゆる芸術留学を志す人、必携です！

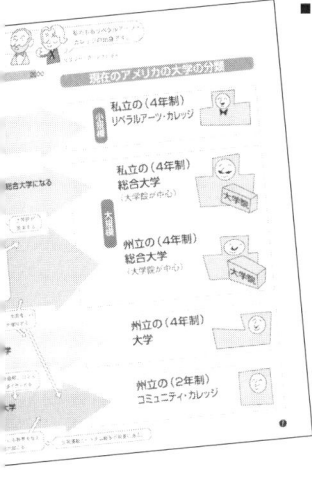

著者紹介

栄 陽子（さかえ ようこ）
栄 陽子留学研究所所長、留学カウンセラー、国際教育評論家

略歴
奈良県生まれ
帝塚山大学卒業
セントラル・ミシガン大学大学院教育学部終了
オハイオ州立大学大学院教育学部カウンセラー教育学専攻
1972年　栄 陽子留学研究所設立

主著・編著
『留学の常識＆非常識』（講談社インターナショナル）、『アメリカ留学ガイド』（JTB）、『アメリカ大学ランキング』（国際教育出版）、『留学で人生を棒に振る日本人』、『英語は勉強するほどダメになる』（扶桑社）、『「逃げ上手」ほど生き上手』（ヴィレッジブックス）、『留学カウンセラーは自分の子供をどう育てたか』（三修社）、『女が留学に賭けるとき』（三修社）、『アメリカ留学まるごとガイド』（三修社）ほか多数

栄陽子留学研究所ホームページ　http://www.ryugaku.com/
アメリカ大学ランキング　http://www.ryugaku.ne.jp/

留学・アメリカ名門大学への道

2011年11月5日　第1刷発行

著　者——栄 陽子
発行者——前田俊秀
発行所——株式会社三修社
　　　　　〒150-0001　東京都渋谷区神宮前2-2-22
　　　　　TEL 03-3405-4511　FAX 03-3405-4522
　　　　　振替 00190-9-72758
　　　　　http://www.sanshusha.co.jp/
　　　　　編集担当　澤井啓允
印刷・製本——萩原印刷株式会社
装　幀——鈴木 弘

©Y.Sakae 2011 Printed in Japan
ISBN978-4-384-04456-0 C0037

Ⓡ＜日本複写権センター委託出版物＞
本書を無断で複写複製（コピー）することは、著作権法上の例外を除き、禁じられています。本書をコピーされる場合は、事前に日本複写権センター（JRRC）の許諾を受けてください。JRRC 〈http://www.jrrc.or.jp email:info@jrrc.or.jp Tel:03-3401-2382〉